Belles Lettres / N°. 12898   (Rés.)

Cat. de Nyon. N° 8037.

TRAITÉ
DE L'ORIGINE
DES ROMANS.

PAR M. HUET

HUITIÈME EDITION

Revûë & augmentée d'une Lettre touchant
Honoré d'Urfé, Auteur de l'Astrée.

A PARIS,

Chez JEAN MARIETTE, ruë S. Jacques
aux Colonnes d'Hercules.

M. DCC. XI.
Avec Privilege & Approbation.

AVERTISSEMENT

DU LIBRAIRE.

IL y a quarante ans que
cette savante Disserta-
tion sur l'Origine des Romans fut imprimée pour la
premiere fois, à la tête du
Roman de Zaïde. Il en pa-
rut bien-tost des traductions
Latines, Angloises, & Fla-
mandes. Mais comme elle
commence à être rare, malgré un grand nombre d'é-
ditions, qui n'ont point encore satisfait l'avidité du
public; je la remets sous la
presse d'autant plus volon-

tiers qu'on m'en a fait avoir
un exemplaire chargé de
beaucoup de corrections &
d'additions , femées en differens endroits de l'Ouvrage , & toutes de la main de
l'illuftre Auteur.

Quelque envie que j'euf-
fe d'y joindre plufieurs de
fes Opufcules , qui font entre les mains des Curieux;
j'ay également craint, & de
luy en faire la propofition,
& de les publier fans avoir
fon agrément. J'ay pris feulement la liberté de met-
tre icy une de fes Lettres,
qui n'avoit point encore paru , & qui , à caufe de la

conformité du sujet, ne pouvoit être plus naturellement
placée qu'à la fin de ce Volume. Il n'y a personne en
effet, qui après s'être instruit
de l'Origine des Romans,
ne soit ravi d'apprendre la
vie du plus fameux de nos
Romanciers ; & l'on ne peut
sçavoir trop de gré à un E-
crivain , dont l'érudition
n'a point de bornes , d'avoir
bien voulu descendre jus-
qu'à un détail éxact de tout
ce qui regarde la maison
& la personne du celebre
Honoré d'Urfé.

secutives , à commencer de jour &
datte des Presentes , pendant lequel
temps nous faisons tres-expresses dé-
fenses à toutes sortes de personnes
d'en introduire dans noſtre Royaume aucun Exemplaire d'impreſſion
étrangere. A condition qu'il ſera mis
deux exemplaires dudit livre dans nô-
tre Bibliotheque publique , un en celle
de noſtre Cabinet du Louvre, & un dans
la Bibliotheque de noſtre tres-cher &
feal Chevalier Chancelier & Garde
des Sceaux de France , le Sieur Phe-
lypeaux , Comte de Pontchartrain ,
Commandeur de nos Ordres , avant
que de l'expoſer en vente. A la charge auſſi que l'impreſſion en ſera faite en beaux caracteres , ſur de bon
papier , dans noſtre Royaume &
non ailleurs, conformement aux Reglemens de la Librairie & Imprime-
rie , à peine de nullité des Preſen-
tes , leſquelles feront regiſtrées ſur le
Regiſtre de la Communauté des
Imprimeurs & Libraires de noſtre
bonne ville de Paris , dans trois
mois , du jour de leur datte. Si vous
mandons & enjoignons que du con-
tenu en icelles vous faſſiez joüir plai-

nement & paisiblement ledit Expo-
sant , ou ceux qui auront droit de
luy, sans souffrir qu'il lui soit fait aucun trouble ni empêchement. Vou-
lons aussi que la copie des Presentes
qui sera imprimée aucommencement,
ou à la fin dudit Livre, soit tenuë pour
duëment signifiée , & qu'aux copies
qui en seront collationnées par l'un
de nos amez & feaux Conseillers &
Secretaires , foy y soit ajoûtée comme
à l'Original. Commandons au premier nostre Huissier ou Sergent sur
ce requis , de faire pour l'execution
d'icelles, tous actes necessaires, sans demander autre permission , nonobstant
Clameur de Haro, Chartrre Norman-
de , & lettres à ce contraires : Car
tel est nostre plaisir. Donné à Ver-
failles le vingt - quatriéme jour
d'Aoust , l'an de grace mil sept cens
dix , & de nostre Regne le soixante-
huitiéme : Par le Roy en son Conseil , L A U T H I E R.

*Regiſtré ſur le Regiſtre Nº. 3. de la
Communauté des Imprimeurs & Libraires de Paris, p. 85. Nº 91. conformément
aux Reglemens & notamment à l'Arreſt
du 18. Aouſt 1703 A Paris le 20. Octo-
bre 1710. P. De Launay , Syndic.*

LETTRE

DE

MONSIEUR HUET

A MONSIEUR

DE SEGRAIS.

DE

L'ORIGINE

DES ROMANS.

Ostre curiosité est bien raisonnable, & il sied bien de vouloir savoir l'origine des Romans, à celuy qui entend si parfaitement l'art de les faire. Mais je ne sçais, Monsieur, s'il me sied bien aussi d'entrepren-

A

dre de satisfaire voftre defir :
je fuis prefque fans livres , j'ay
prefentement la tefte remplie
de toute autre chofe, & je connois combien cette recherche
eft difficile. Ce n'eft ni en Provence, ni en Efpagne , comme
plufieurs le croyent , qu'il faut
efperer de trouver les premiers
commencemens de cét agréable
amufement des honneftes pa-
reffeux : il faut les aller chercher dans des païs plus éloignez,
& dans l'antiquité la plus recu-
lée. Je feray pourtant ce que
vous defirez ; car comme noftre
ancienne & étroite amitié vous
donne droit de me demander
toutes chofes , elle m'ofte auffi
la liberté de vous rien refu-
fer.

Autrefois , fous le nom de Roman , on comprenoit non feulement ceux qui eftoient écrits

en profe, mais plus fouvent encore ceux qui eftoient écrits en
vers. Le Giraldi & le Pigna fon
difciple, dans leurs Traitez *De
Romanzi* , n'en reconnoiffent
prefque point d'autres, & donne le Boïardo & l'Ariofte pour
modeles. Mais aujourd'huy l'u-
fage contraire a prévalu , & ce
que l'on appelle proprement
Romans, font *Des hiftoires fein-*
tes d'aventures amoureufes, ecrites
en profe avec art , pour le plaifir
& l'inftruction des lecteurs. Je dis,
des hiftoires feintes , pour les
diftinguer des hiftoires veritables. J'ajoufte , d'aventures a-
moureufes , parce que l'amour
doit eftre le principal fujet du
Roman. Il faut qu'elles foient
écrites en profe , pour eftre con-
formes à l'ufage de ce fiecle. Il
faut qu'elles foient écrites avec
art, & fous de certaines regles;

A ij

autrement ce fera un amas con-
fus, fans ordre & fans beauté.
La fin principale des Romans,
ou du moins celle qui le doit
eftre, & que fe doivent propofer ceux qui les compofent,
eft l'inftruction des lecteurs, à
qui il faut toûjours faire voir la
vertu couronnée, & le vice pu-
ni. Car comme l'efprit de l'homme eft naturellement ennemi
des enfeignemens, & que fon
amour propre le révolte contre les inftructions, il le faut
tromper par l'appas du plaifir,
& adoucir la feverité des préceptes par l'agrément des exemples, & corriger fes defauts en
les condamnant dans un autre.
Ainfi le divertiffement du lecteur, que le Romancier habile femble fe propofer pour but,
n'eft qu'une fin fubordonnée à
la principale, qui eft l'inftruction de l'efprit, & la correction

des mœurs : & les Romans font plus ou moins réguliers, felon qu'ils s'éloignent plus ou moins de cette définition & de cette fin. C'eft feulement de ceux-là que je prétens vous entretenir; & je crois auffi que c'eft là que fe borne voftre curiofité.

Je ne parle donc point icy des Romans en vers ; & moins encore des Poëmes Epiques , qui outre qu'ils font en vers, ont encore des differences ef-fentielles qui les diftinguent des Romans: quoy qu'ils ayent d'ail-leurs un tres grand rapport , & que fuivant cette maxime d'A-riftote , établie avant luy par Platon , & fuivie après luy par Horace , Plutarque , & Quin-tilien , que le Poëte eft plus Poëte par les fictions qu'il in-vente , que par les vers qu'il compofe , on puiffe mettre les

faiseurs de Romans au nombre
des Poëtes. Petrone dit que les
Poëmes doivent s'expliquer par
de grands détours, par le mi-
niftere des Dieux, par des expreffions libres & hardies ; de
forte qu'on les prenne pluftoft
pour des oracles , qui partent
d'un efprit plein de fureur, que
pour une narration exacte &
fidele : les Romans font plus
fimples, moins élevez, & moins
figurez dans l'invention & dans
l'expreffion. Les Poëmes ont
plus du merveilleux , quoy que
toûjours vray-femblables : les
Romans ont plus du vray-femblable, quoiqu'ils ayent quelquefois du merveilleux. Les Poëmes
font plus reglez & plus chaftiez
dans l'ordonnance , & reçoivent moins de matiere , d'évenemens , & d'Epifodes : les Romans en reçoivent davantage,

parce qu'étant moins élevez &
moins figurez , ils ne tendent
pas tant l'esprit , & le laissent
en estat de se charger d'un plus
grand nombre de differentes
idées. Enfin les Poëmes ont pour
sujet une action militaire ou politique , & ne traitent l'amour
que par occasion : les Romans
au contraire ont l'amour pour
sujet principal , & ne traitent
la politique & la guerre que par
incident. Je parle des Romans
reguliers ; car la pluspart des
vieux Romans, François , Italiens , & Espagnols , sont bien
moins amoureux que militai-
res. C'est ce qui a fait croire à
Giraldi que le nom de Roman
vient d'un mot Grec qui signifie la force & la valeur ; parce que ces livres ne sont faits
que pour vanter la force & la
valeur des Paladins : mais Gi-

raldi s'eſt abuſé en cela, comme vous verrez dans la ſuite. Je ne parle point icy non plus de ces hiſtoires qui ſont reconnuës pour avoir beaucoup de fauſſetez. Telles ſont celles d'Herodote & de Cteſias, la Navigation d'Hannon, la vie d'Apollonius écrite par Philoſtrate, celles de ces ſaints perſonnages, deſquelles Symeon le Metaphraſte a obſcurci la verité en la voulant embellir, & pluſieurs ſemblables. Ces ouvrages ſont veritables en gros, & faux ſeulement dans quelques parties : les Romans au contraire ſont veritables dans quelques parties, & faux dans le gros. Les uns ſont des veritez meſlées de quelques fauſſetez : les autres ſont des fauſſetez meſlées de quelques veritez. Je veux dire que la ve-

rité tient le deſſus dans ces hiſtoires , & que la fauſſeté pré-
domine tellement dans les Romans , qu'ils peuvent meſme
eſtre entierement faux , & en
gros & en détail. Ariſtote en-
ſeigne que la Tragedie , dont
l'argument eſt connu & pris
dans l'hiſtoire, eſt la plus parfaite; parce qu'elle eſt plus vray-
ſemblable , que celle dont l'argument eſt nouveau & entierement controuvé : & ne an-
moins il ne condamne pas cette derniere. Sa raiſon eſt, qu'encore que l'argument d'une Tragedie ſoit tiré de l'hiſtoire , il
eſt pourtant ignoré de la pluſpart des ſpectateurs , & nouveau à leur égard , & que cependant il ne laiſſe pas de divertir tout le monde. Il faut
dire la meſme choſe des Romans; avec cette diſtinction tou-

A v

tefois, que la fiction totale de
l'argument est plus recevable
dans les Romans, dont les acteurs sont de condition medio-
cre, comme dans les Romans
Comiques, que dans les grands
Romans, dont les Princes & les
Conquerans font les acteurs, &
dont les aventures font illuftres
& memorables : parce qu'il ne
feroit pas vray-femblable que
des grands évenemens fuffent
demeurez cachez au monde,
& negligez par les Hiftoriens :
& la vray-femblance qui ne fe
trouve pas toûjours dans l'Hiftoire, eft effentielle au Roman.
De forte que comme on peut
appliquer aux Hiftoriens ce que
les Mufes difent d'elles-mêmes
dans Hefiode, quand elles fe
vantent de favoir dire la verité, on peut appliquer aux Romanciers ce qu'elles ajoûtent,

qu'elles ſavent auſſi conter des menſonges ſemblables à la ve-rité. J'exclus auſſi du nombre des Romans de certaines Hiſ-toires entierement controuvées, & dans le total, & dans les par-ties, mais inventées ſeulement au defaut de la verité. Telles ſont les relations de ces origi-nes imaginaires de la pluſpart des nations, & polies, & bar-bares. Telles ſont encore ces Hiſtoires ſi groſſierement ſup-poſées par le Moine Annius de Viterbe, qui ont merité l'indi-gnation ou le mépris de tous les Savans. Je mets la meſme dif-ference entre les Romans & ces ſortes d'ouvrages, qu'entre ceux qui par un artifice innocent ſe traveſtiſſent & ſe maſquent pour ſe divertir en divertiſſant les autres ; & ces ſcelerats, qui prenant le nom & l'habit de

A vj

gens morts ou abſens, uſurpent leur bien à la faveur de quelque reſſemblance. Enfin je mets auſſi les Fables hors de mon ſujet : car les Romans ſont des fictions de choſes qui ont pû eſtre, & qui n'ont point eſté; & les Fables ſont des fictions de choſes qui n'ont point eſté, & qui n'ont pû eſtre.

Après eſtre convenu des ouvrages qui meritent proprement le nom de Romans, je dis qu'il faut chercher leur premiere origine dans la nature de l'eſprit de l'homme, inventif, amateur des nouveautez & des fictions, déſireux d'apprendre, & de communiquer ce qu'il a inventé, & ce qu'il a appris ; & que cette inclination eſt commune à tous les hommes de tous les tems, & de tous les lieux : mais que les Orientaux en ont

toûjours paru plus fortement
poſſedez que les autres ; & que
leur exemple a fait une telle
impreſſion ſur les nations de
l'Occident , les plus ingenieu-
ſes & les plus polies , qu'on peut
avec juſtice leur en attribuer
l'invention. Quand je dis les
Orientaux , j'entens les Egyptiens , les Arabes , les Perſes,
les Indiens & les Syriens. Vous
l'avouërez ſans doute , quand
je vous auray monſtré que la
pluſpart des grands Romanciers de l'antiquité ſont ſortis
de ces peuples. Clearque , qui
avoit fait des livres d'Amour ,
eſtoit de Cilicie , province voi-
ſine de Syrie. Jamblique , qui a
écrit l'hiſtoire amoureuſe de
Rhodanés & de Sinonis, eſtoit
né de parens Syriens , & fut é-
levé à Babylone. Heliodore ,
auteur du Roman de Theage-

ne & de Chariclée, eſtoit d'E-
meſe, ville de Phenicie. Lucien qui a écrit la Metamorphoſe de Lucius en aſne, eſtoit
de Samoſate, capitale de Coma-
gene, province de Syrie. Achillés Tatius, qui nous a appris
les amours de Clitophon & de
Leucippé, eſtoit d'Alexandrie
d'Egypte. L'hiſtoire fabuleuſe
de Barlaam & de Joſaphat, a
eſté compoſée par Saint Jean de
Damas, capitale de Syrie. Damaſcius, qui avoit fait quatre
livres de fictions, non ſeulement incroyables, comme il les
avoit intitulées, mais meſme
groſſieres & éloignées de toute vray-ſemblance, comme
l'aſſûre Photius, eſtoit auſſi de
Damas. Des trois Xenophons
Romanciers dont parle Suidas,
l'un eſtoit d'Antioche de Syrie,
& l'autre de Chypre, iſle voi-

sine de la mesme contrée. Amelius, qui a écrit des Fables d'a-
mour, estoit d'Apamée ville de
Syrie. De sorte que tout ce païs
merite bien mieux d'estre appellé le païs des Fables, que la Grece, où elles n'ont esté que trans-
plantées, mais où elles ont trouvé le terroir si bon, qu'elles y
ont admirablement bien pris
racine.

Aussi à peine est-il croyable
combien tous ces peuples ont
l'esprit poëtique, fertil en inventions, & en fictions : tous leurs
discours sont figurez; ils ne s'ex-
pliquent que par allegories ; leur
Theologie, leur Philosophie, &
principalement leur Politique,
& leur Morale, sont toutes en-
veloppées sous des fables & des
paraboles.

Les Hieroglyphes des Egy-
ptiens font voir à quel point cet-

te nation eſtoit myſterieuſe.
Preſque tout eſtoit déguiſé chez
eux , & ils avoient réduit en
art leur couſtume de s'exprimer
par images. Leur religion eſtoit
toute voilée ; on ne la faiſoit
connoiſtre aux profanes que
ſous le maſque des fables , &
on ne levoit ce maſque que
pour ceux qu'ils jugeoient dignes d'eſtre initiez dans leurs
myſteres. On prétend que c'é-
toit pour en avertir le public ,
qu'ils plaçoient des Sphinges à
l'entrée de leurs Temples. Homere qui les avoit viſitez , rap-
porta de chez eux cet eſprit
fabuleux , qui lui fit inventer,
non ſeulement les admirables
Poëmes qu'il nous a laiſſez , mais
encore mille nouveautez dans la
généalogie , les dignitez , & les
emplois des Divinitez Grecques ; & ce fut là qu'il ſe per-

fectionna dans la Poësie, qui y
a toûjours esté soigneusement
cultivée. Herodote dit que les
Grecs avoient pris des Egyptiens leur Theologie Mytho-
logique, & il rapporte des contes qu'il avoit appris des Preftres d'Egypte, & que tout cre-
dule & fabuleux qu'il est luy-
mesme, il rapporte comme des
sornettes. Ces sornettes ne laif-
soient pas d'estre agréables, &
de toucher fort l'esprit curieux
des Grecs, comme Heliodore
le témoigne, gens avides d'apprendre, & amateurs des choses nouvelles. Et ce fut sans doute de ces Prestres que Pythagore & Platon, aux voyages
qu'ils firent en Egypte, apprirent à travestir leur Philosophie,
& à la cacher dans l'ombre des
mysteres & des déguisemens.
Ce mesme esprit regne encore

aujourd'huy parmi ces peuples. Si vous les interrogez sur la cause du débordement du Nil, sur l'antiquité des Pyramides, & sur les autres singularitez de leur païs, ils ne vous répondront que des fables. Ils ont au Caire une Fontaine des Amoureux, dont ils font plusieurs contes. Ils chantent & représentent dans les carrefours de cette grande ville les combats des Egyptiens & des Arabes, car ils ont esté de tout temps grands basteleurs, mais ils en corrompent la verité par tant de faussetez, qu'à peine peut-on en faire le discernement.

Pour les Arabes, si vous consultez leurs ouvrages, vous n'y trouverez que metaphores tirées par les cheveux, que similitudes, & que fictions. Leur Alcoran est de cette sorte. Mahomet dit qu'il l'a fait ainsi, afin que les hommes pûssent plus aisément l'apprendre , & plus difficilement l'oublier : & comme il dit aussi que Dieu , dont il se vantoit d'estre le messager , ne parle aux hommes que par paraboles , il semble qu'il ait affecté de l'imiter en cela. L'amour pour les fables les possede depuis si long-temps, qu'elle a merité d'estre notée par un des Prophetes de l'Ancien Testament. Ils ont traduit celles d'Esope en leur langue, & quelques-uns d'entre eux en ont composé de semblables. Ce Locman si renommé dans tout l'Orient, n'estoit autre qu'Esope. Ses Fables, que les Arabes ont ramassées en un volume fort ample , & partant où ils ont mis beaucoup du leur, luy acquirent tant d'estime parmy eux, que l'Alcoran vante son

favoir dans un chapitre, qui
pour cela eſt intitulé du nom
de Locman. Je ne puis goûter
la penſée de Schickard, homme habile d'ailleurs, qui ſoupçonne que Locman eſt venu
après Noſtre Seigneur, par ce
que Mahomet dans le Chapitre de l'Alcoran qui porte ſon
nom, luy fait dire à ſon fils,
qu'il ſe garde bien de donner
à Dieu un compagnon; car cela peut eſtre dit contre les Ido-
latres, auſſi bien que contre les
Chreſtiens; & quand il ſeroit dit
contre les Chreſtiens, Mahomet
pour favoriſer ſon impieté par le
poids de l'autorité de Locman,
a bien pû luy faire dire ce qu'il
n'a jamais dit : outre que tous
les caractères que les Orientaux
attribuent à Locman, & cette
convenance avec Eſope, ne
peuvent ſe rencontrer dans un

homme né après Noftre Seigneur. Les vies de leurs Patriarches , de leurs Prophetes , &
de leurs Apoftres , font toutes
fabuleufes. Ils ont une fecte de
Philofophes , qui pour rendre
leurs dogmes plus intelligibles,
font profeffion de les debiter
fous des paraboles fimples &
familieres , & à l'ufage du vulgaire; & ils rapportent l'origine de cette fecte à quelques-
uns de leurs anciens Prophetes. D'autres de leur Philofo-
phes entreprenant d'expliquer
les myfteres les plus cachez de
leur doctrine , leur ont donné la forme de Romans. L'Hiftoire d'Haï fils d'Yocdan eft de
ce genre. Avicenne , qu'on en
croit l'inventeur , voulant mon-
trer le progrés qu'un homme ,
aidé feulement de fes lumieres
naturelles , peut faire dans la

Philofophie, fans le fecours des préceptes, de la methode, & de l'art, feint que cét Haï naf-quit de la terre, fans pere & fans mere, dans une ifle defer-te, fituée fous la Ligne, ha-bitée feulement de quelques ani-maux (car plufieurs Philofo-phes anciens & modernes n'ont pas crû cette naiffance impoffi-ble,) qu'il fut allaité par une chevre, & que par fon bon fens, fes obfervations, & fes refle-xions, il acquit par degrez tou-tes les connoiffances que don-ne l'étude de la Philofophie, & parvint enfin à celle de Dieu ; & du fouverain bien, & à un genre tres-fublime de contem-plation. Cela eft égayé de di-verfes aventures romanefques, que je n'entreprendray pas de vous rapporter. L'ouvrage eft eftimable, & il le feroit en-

core davantage, fi la fiction n'e-
toit outrée, & fi Haï ne pouf-
foit fes raifonnemens au delà
de la vray-femblance. Les Arabes font leurs délices de la Poëfie ; c'eft l'étude la plus ordinaire de leurs beaux efprits ; &
c'eft à cela qu'ils fe croyent re-
devables de la confervation &
de l'embelliffement de leur langue. Cette inclination ne leur
eft pas nouvelle, elle s'eft fait
remarquer mefme avant Mahomet, & ils ont des Poëmes plus
anciens que luy. Toutes leurs
fciences eftoient alors renfer-
mées dans leurs vers, & ils faifoient confifter en l'art de les
compofer, le fouverain point
de l'érudition. Les Princes con-
fervoient ces ouvrages parmi
leurs plus précieux trefors ; tout
le monde les apprenoit par
cœur ; ils regardoient la difpo-

fition à les faire comme une
marque prefque infaillible de
nobleffe , & fi une de leurs tri-
bus avoit efté affez heureufe
pour produire un Poëte , toutes
les autres l'en alloient feliciter.
Les guerres qu'ils eurent dans
l'établiffement du Mahometif-
me , refroidirent un peu cette
ardeur ; mais elle fut plus grande que devant , après leurs con-
queftes. Erpenius affûre que
tout le refte du monde enfem-
ble n'a point eu tant de Poëtes
que la feule Arabie. Ils en con-
tent foixante , qui font entre
eux comme les Princes de la
Poëfie , & qui ont de grandes
troupes de Poëtes , & mefme
de Poëteffes fous eux. Les plus
habiles ont traité l'Amour en
des Eglogues , & quelques-uns
de leurs livres fur cette matiere , ont paffé en Occident. Plufieurs

sieurs de leurs Califes n'ont pas tenu la Poësie indigne de leur application. On conserve encore quelques volumes de leurs vers. Abdalla entre autres s'y signala, & fit un livre de Similitudes, comme rapporte Elmacin. Un autre a mis en rimes tout l'Alcoran, qui dans sa premiere composition est tout plein de consonances & de rimes. Et c'est à ce titre que Mahomet se range luy-mesme au nombre des Poëtes rimeurs. Dans la pluspart de leurs Proverbes & de leurs Sentences, ils affectent de certaines cadences de paroles mesurées avec consonance. Ils récompensoient les Poëtes avec une telle profusion, qu'un d'eux donna soixante & dix mille drachmes pour soixante & dix vers qui luy avoient plû. C'est des Arabes, à mon avis, que

nous tenons l'art de rimer. Lors
qu'ils passerent par l'Afrique,
ils y trouvérent des peuples,
presque autant entestez qu'eux
de la passion des rimes. On remarque dans tous les Auteurs
Africains, une affectation continuelle & ennuyeuse de confonances, & de parité de mesure. Saint Augustin n'en sort
presque jamais. L'on voit dans
ses œuvres un Pseaume contre
les Donatistes, qui est une prose rimée, d'un mesme nombre
& d'une mesme rime. Je vois
assez d'apparence que les vers
Leonins ont esté faits à l'exemple de ceux de ces peuples rimeurs : car il ne paroist point
que les ouvrages rimez eussent
cours dans l'Europe avant l'entrée de Taric & de Muça en
Espagne, & l'on en vit quan-
tité dans les siecles suivans :

quoy-qu'il me fuſt aiſé néanmoins de vous faire voir d'ailleurs, que les vers rimez ne
furent pas tout-à fait inconnus
aux anciens Romains, & que
cette conſonance de mots ne
leur a pas toûjours déplû.

Les Perſes n'ont point cedé
aux Arabes en l'art de mentir
agréablement : car encore que
le menſonge leur fuſt autrefois
fort odieux dans l'uſage de la
vie, & qu'ils ne défendiſſent
rien à leurs enfans avec tant
de ſeverité, néanmoins il leur
plaiſoit infiniment dans les livres & dans le commerce des
lettres ; ſi toutefois les fictions
ſe doivent appeller menſonges.
Pour en tomber d'accord, il ne
faut que lire les aventures fabuleuſes de leur Legiſlateur
Zoroaſtre. Strabon dit que les
Maiſtres parmi eux donnoient

à leurs disciples des préceptes
de morale enveloppez de fictions. Cyrus fondateur de leur
monarchie s'explique dans Herodote par un Apologue, dans
la réponse qu'il fait aux Am-
bassadeurs des Ioniens & des
Eoliens. Un autre de leurs Rois
voulant exhorter en mourant
ses enfans à la concorde, se
sert de la similitude d'un pa-
quet de fleches, qu'on ne peut
rompre que separément. Strabon dit dans un autre endroit,
que l'on n'ajoûte pas beaucoup
de foy aux anciennes Histoires
des Perses, des Medes, & des
Syriens, à cause de l'inclination que leurs Ecrivains avoient
à conter des fables : car voyant
que ceux qui en écrivoient de
profession, estoient en estime;
ils crurent qu'on prendroit plaisir à lire des relations fausses &

controuvées , si elles estoient é-
crites en forme d'histoires. Les
Fables d'Esope ont esté si fort
à leur goust , qu'ils se sont ap-
proprié l'Auteur. C'est ce mesme Locman de l'Alcoran, dont
je vous ay parlé , qui est si esti-
mé par tous les peuples du Levant , qu'ils ont voulu déro-
ber à la Phrygie l'honneur de
sa naissance , & se l'attribuer :
car les Arabes disent qu'il estoit
de la race des Ebreux. Les Perses n'en conviennent pas, & pré-
tendent qu'il estoit Ethiopien ,
(ce que l'étymologie du nom
d'Esope semble confirmer ,) &
il passa sa vie dans la ville de
Caswin, que plusieurs croyent
estre l'Arsacie des Anciens , &
d'où quelques autres croyent
qu'il estoit natif. Et sur ce fondement quelques - uns voyant
que sa vie écrite par Mircond,

B iij

a beaucoup de rapport avec celle d'Esope, que Maximus Planudés nous a laissée ; & ayant remarqué que comme les Anges donnent la sagesse à Locman dans Mircond , Mercure donne la Fable à Esope dans Philostrate , ils se sont persuadé que les Grecs avoient dérobé Locman aux Orientaux, & en avoient fait leur Esope. Ce n'est pas icy le lieu d'approfondir cette question : je diray seulement en passant , qu'il faut se souvenir que les Histoires de ces peuples d'Orient, selon le témoignage de Strabon , sont pleines de mensonges , qu'ils sont peu exacts & peu fideles, & qu'il est assez vray-semblable qu'ils ont esté fabuleux en parlant de l'Auteur & de l'origine des Fables , comme en tout le reste ; que les Grecs sont plus

diligens , & de meilleure foy
dans la Chronologie & dans
l'Histoire, & que la conformité du Locman de Mircond
avec l'Esope de Planudés & de
Philostrate, ne prouve pas davantage qu'Esope soit Locman,
qu'elle prouve que Locman soit
Esope. Les Perses ont donné à
Locman le surnom de Sage ,
parce qu'en effet Esope a esté
mis au nombre des Sages : ils
disent qu'il estoit profondé-
ment savant dans la Medecine,
qu'il y trouva des secrets admirables, & entre autres celuy
de faire revivre les morts. Ils
ont si bien glosé , paraphrasé,
& augmenté ses Fables , qu'ils
en ont fait comme les Arabes
un tres-gros volume , dont on
voit un exemplaire dans la Bibliotheque du Vatican. Sa réputation a passé jusqu'en Egy-

pte & dans la Nubie, où son
nom & son savoir sont en si
grande vénération, que les Perses croyent qu'il y est né. Les
Turcs d'aujourd'huy n'en font
pas moins de cas, & croyent,
comme Mircond & les Arabes,
qu'il a vescu du temps de David : en quoy, s'il est veritablement Esope, & s'il faut ajoû-
ter foy à la Chronologie Grecque, ils se trompent d'environ
quatre cens cinquante ans: mais
les Turcs n'y regardent pas de
si près. Cela conviendroit
mieux à Hesiode, qui fut contemporain de Salomon, & à qui,
suivant le rapport de Quintilien & de Plutarque, on doit
la gloire de la premiere invention de ces Fables, que l'on a
attribuée à Esope. Il n'y a point
de Poëtes qui égalent les Perses
des derniers siecles en la licen-

ce qu'ils se donnent de mentir dans leurs Histoires, & principalement celles qui regardent l'origine de leur religion, & les vies de leurs Saints. Ils ont tellement défiguré celles dont nous savons la verité par les relations des Grecs & des Romains, qu'on ne les reconnoist pas. Et mesme dégénerant de cette loüable aversion qu'ils avoient autrefois contre ceux qui se servoient du mensonge pour leurs interests, ils s'en font un honneur aujourd'huy. Ils ont leurs Romans & leurs Heros fabuleux, comme nous avons les nostres. Les amours & les grands faits d'armes du fameux Rustan, & l'histoire d'Iffendiar, sont plus celebres parmi eux, que ceux d'Hercule, de Rolland & des Amadis ne le sont parmi nous. Nadar fils

de Harit, pour eftre venu en
Perfe en faire le recit aux Arabes avec trop d'exageration, a
efté noté & cenfuré dans l'Alcoran. Cette longue ouverture
du mont Taurus, & que les
Anciens ont appellée les Por-
tes Cafpiennes, font l'effet, felon eux, d'un feul coup que
Mortis-Ally donna de fon épée,
pour ouvrir aux voyageurs le
chemin de la mer Cafpie : de
mefme que l'ouverture des rochers du mont Mimas, par où
l'on va de Smyrne à Ephefe, eft
un coup d'épée de Saint Paul,
felon les habitans du païs, auffi
menteurs que les Perfes : & de
mefme que cette fente, qui paroift de loin à ceux qui font fur
la mer, au fommet d'une mon-
tagne du Royaume de Valen-
ce en Efpagne, qui n'eft pas
fort éloignée de la ville d'Ali-

cante , & qui porte le nom de
Rolland, fut faite selon la tra-
dition du païs d'un coup de
son épée. Il faut estre peu ver-
sé dans leurs Histoires, pour ne
connoistre pas le geant Arneost,
& la geante sa femme , & les
merveilles du Prince Piskiton,
qui vivoit à leur compte il y a
environ trois mille cinq cens
ans. L'on dit que la grande place d'Ispahan ne manque jamais de bateleurs, qui ne diver-
tissent le peuple , qui s'assem-
ble en foule autour d'eux, qu'en
leur faisant des recits fabuleux
& des contes romanesques. Les
œuvres galantes, & les histoires amoureuses des anciens Perses , n'ont pas esté moins céle-
bres que celles des modernes.
Ils aiment aujourd'huy passion-
nément la Poësie : c'est le divertissement des grands & du
B vj

peuple : le principal manque-
roit à un feſtin , ſi la Poëſie y
manquoit. Auſſi tout y eſt plein
de Poëtes , qui ſe font remarquer par leurs habillemens ex-
traordinaires. C'eſt dans les livres Perſiens , que les Turcs
font leur apprentiſſage de vertu , de galanterie & de politeſſe. Quelques-uns de leurs Religieux , rodants par le monde,
ont en main quelques livres de
cette nation pleins de chanſons
laſcives. On les fait lire ſoigneu-
ſement dans le Serrail aux jeunes gens , que l'on veut former aux grands emplois : & c'eſt
ſur les modeles qu'ils y trouvent , & ſur les exemples qu'ils
y apprennent , qu'ils font enſuite l'amour & la guerre; quoy-
que d'ailleurs ils ayent des fables de leur propre cru : quoy-
que dans les cabarets à caffé la

lecture des Romans soit le plus agreable assaisonnement de leur débauche. Ils disent que Rolland estoit Turc. Ils gardent son épée à Bourse avec vénération, & récitent tout le détail de sa vie & des grandes choses qu'il a executées dans le Levant. Son nom & le recit de plusieurs aventures fabuleuses de sa vie, ont passé jusques dans la Colchide, où il est mieux connu que Jason, & les Argonautes.

Les Indiens mesme voisins des Perses, avoient l'esprit porté comme eux aux inventions poëtiques, & romanesques. Les voyageurs nous parlent souvent de leurs poësies, de leurs chansons, & de leurs histoires amoureuses. Le celebre Locman leur est aussi connu, & il est chez eux le sujet de plusieurs

fables , comme chez les Perſes
& les Arabes. Ils le font frere
de Ram , l'un de leurs plus il-
luſtres Legiſlateurs , qu'ils ont
canoniſé & deifié. Ils le font
ſaint ; ils le font guerrier , &
Roy de certaines Amazones ,
qu'ils ſuppoſent eſtre au Septentrion des Indes. Les Chré-
tiens Indiens du Malabar chantent en vers depuis long-temps
la vie & les loüanges de leur
Apoſtre Saint Thomas, bien differentes de ce que l'Hiſtoire Ec-
cleſiaſtique nous apprend. On
remarque le meſme eſprit dans
les Chinois , dans les Tunqui-
nois, dans les Japonois , & dans
tous les autres peuples de ces
contrées. Ils ont une infinité
de poëtes , de poëmes , & de
fables. Ils ont leurs comedies,
& leurs comediens. L'uſage des
Apologues eſt ſi familier aux

Chinois dans leurs converſa-
tions; qu'ils tiennent pour ruſ-
tique & groſſiere toute autre
maniere de s'expliquer. Diogene de Laërce dit que les Gymno-
ſophiſtes débitoient leur Phi-
loſophie par énigmes. On trouve encore aujourd'huy dans les
Indes de tres-anciens livres de
Phyſique écrits en vers. Ils
traittent les matieres les plus
importantes de Politique & de
Morale par paraboles. Sandaber en avoit compoſé un livre,
qui a été traduit par les Juifs
& par les Grecs, & que l'on
trouve dans les Bibliotheques
des curieux. Monſieur Gaumin
avoit promis au public les Paraboles Indiennes, Ethiopien-
nes, & Judaïques d'un nommé
Aaron : il n'a pas tenu parole,
mais il y a apparence que ce livre aura paſſé avec le reſte de

la Bibliotheque dans celle du
Roy. Les Proverbes du Brami-
ne Barthrouherri, que nous lifons en noftre langue, font des
dits fententieux, reveftus d'i-
mages pour la plufpart, &
d'expreffions peintes & figurées.
Le Pere Pouffines Jefuite a joint
à fon Pachymere, qu'il a fait
imprimer depuis peu à Rome,
un Dialogue entre Abfalon Roy
des Indes & un Gymnofophifte,
fur diverfes queftions de Morale, où ce Philofophe ne s'explique que par paraboles & par
fables, à la maniere d'Efope.
La Préface porte que ce Livre
avoit efté compofé par les plus
fages & les plus favans de cette nation, & qu'il eftoit foi-
gneufement gardé dans le Trefor des Chartres du Royaume;
que Perzoé, Medecin de Chof-
roés Roy de Perfe, le tradui-

fit d'Indien en Perſan , un autre de Perſan en Arabe , & Simeon Seth d'Arabe en Grec.
Un de mes amis l'a apporté de
Grece écrit en cette langue, &
me l'a communiqué. Ce Choſ-
roés, ſurnommé Anuſervan dans
la verſion Grecque & dans les
Auteurs Arabes , veſcut du
temps de l'Empereur Juſtinien,
aima les lettres , fut eſtimé ſa-
vant , & fit traduire pluſieurs
livres étrangers en ſa langue.
Celuy-cy eſt ſi peu different
d'un autre qui porte le nom de
l'Indien Pilpay, & qui a paru
en François depuis quelques
années, qu'on ne peut pas douter qu'il n'en ſoit l'original ou
la copie, ou plûtoſt que ce ne
ſoit la meſme choſe : car on dit
que ce Pilpay fut un Bramin ,
qui eut part aux grandes affaires & au gouvernement de l'E-

tat des Indes sous le Roy Dab-
chelim ; qu'il renferma toute sa politique & toute sa Morale dans ce livre, qui fut conservé par les Rois des Indes,
comme un trefor de sagesse &
d'érudition ; que la réputation
de ce livre estant allée jusqu'à
Anuservan Roy de Perse, il en
eût adroitement une copie par
le moyen de son Medecin, qui
le traduisit en Persan ; que le
Chalife Abujafar Almansor le fit
traduire de Persan en Arabe,
& un autre d'Arabe en Persan;
& qu'après ces traductions Per-
siennes , on en fit encore une
nouvelle , differente des pré-
cedentes, sur laquelle on a fait
la Françoise. Tant de traductions sont bien une marque du
merite de l'ouvrage, auquel les
Perses reconnoissent en effet
n'en avoir point de comparable:

mais elles y ont aussi apporté des
changemens considerables. Le
Pere Poussines avouë qu'il en a
retranché quelques fables dans
sa version Latine ; & on en voit
plusieurs dans la Françoise qui
porte le nom de Pilpay, qu'on
ne trouve point dans la Grecque de Simeon Seth. Certaine-
ment qui lira l'Histoire des
prétendus Patriarches des Indiens, Brammon & Bremaw, de
leurs descendans , & de leurs
peuplades, ne cherchera point
d'autre preuve de l'amour de
ce peuple pour les fables. Je
croirois donc volontiers que
quand Horace a appellé fabuleux le fleuve Hydaspe , qui a
sa source dans la Perse, & son
emboucheure dans les Indes ,
il a voulu dire qu'il commence & qu'il finit sa course parmi des peuples fort adonnez aux

teintes & aux déguisemens.

Ces paraboles que vous avez veu profanes dans les nations dont je viens de parler, ont esté sanctifiées & autorisées de Dieu mesme dans la Syrie. Il déclare dans la Sainte Ecriture, qu'il fait entendre sa volonté aux Prophetes par des figures & par des énigmes. Il dit en un autre endroit, qu'il proposera ses loix sous le voile des paraboles. Salomon fait consister un des principaux fruits de la sagesse & de l'érudition dans l'intelligence des énigmes & des paraboles. Il ne nous est demeuré qu'un petit nombre de celles qu'il avoit écrites. L'Histoire Sainte les fait monter jusqu'à trois mille, & témoigne de plus qu'il avoit composé plus de mille poëmes. Elle rapporte aussi que la Reine de Saba, sur

le bruit de sa sageſſe, ayant ré-
ſolu d'en faire elle meſme l'é-
preuve, vint luy propoſer di-
verſes énigmes, & qu'elle s'en
retourna ravie d'admiration de
les luy avoir veu expliquer ſans
peine, & de luy avoir trouvé
une plus grande profondeur
d'eſprit, que ſa réputation ne
publioit. Joſephe dit, ſur le rapport de Dius qui avoit écrit
l'Hiſtoire des Pheniciens, & ſur
celuy de Menandre Epheſien
qui avoit traduit en langue
Grecque les Annales des Ty-
iens, que Salomon, & Hiram
Roy de Tyr, ſe propoſoient
des énigmes l'un à l'autre, ſous
peine de groſſes ſommes que
devoit payer celuy qui ne pourroit les déchifrer : couſtume
tres-ancienne, reçûë entre les
Hebreux, long-temps meſme
avant Salomon, établie parmi

les anciens Egyptiens & Ethiopiens, d'un usage ordinaire dans la Grece dès le temps de la guerre de Troye, & pratiquée depuis par Homere & par Hesiode. L'Ecriture Sainte est toute mystique, toute allegorique, toute énigmatique. Les Prophetes predisoient souvent l'avenir par des signes & des images : & quand ils y employoient les paroles, elles estoient obscures & mysterieuses. Les plus habiles d'entre les Juifs, comme les Therapeutes dont parle Eusebe, faisoient leur principale étude de l'intelligence de ces mysteres. Ce mesme Philon, & Aristobule, tous deux Juifs, les Thalmudistes & les plus celébres Rabbins en proposent diverses explications dans leurs ouvrages. Saint Paul mesme dans ses Epistres développe en passant de grandes veritez cachées fous les figures de l'Ancien Teftament. Ces Thalmudiftes ont crû, quoy-que fans raifon, que le livre de Job n'eft qu'une parabole de l'invention des Ebreux. En quoy ils ont efté fuivis par les Anabaptiftes & par Luther, qui ont eu auffi la mefme opinion de l'hiftoire d'Efther. Ils en croient autant de celle de Judith, & plufieurs des Proteftans en ont fait le mefme jugement. Grotius prétend en avoir découvert la fignification allegorique, & la propofe dans fes Commentaires. Sa penfée eft ingenieufe : mais lors qu'il croit avoir développé le fens veritable d'une hiftoire controuvée, il fe trouve au contraire qu'il a corrompu une veritable hiftoire par une fauffe explication. Le livre des Pfeaumes, celuy des Proverbes, l'Ecclefiaſte, le Cantique des Cantiques, & tous les autres Cantiques ſacrez, & le livre meſme de Job, ſont des ouvrages poëtiques, pleins de figures, qui paroiſtroient hardies & violentes dans nos écrits, & qui ſont ordinaires dans ceux de cette nation. L'on remarque meſme dans les Pſeaumes beaucoup de conſonances affectées; car pluſieurs endroits de l'Ecriture Sainte nous perſuadent que la poëſie des anciens Ebreux avoit ſa meſure, & quelquefois ſes rimes, contre l'opinion de bien des gens. Témoin cette chanſon, que les Dames chantoient à l'honneur de Saül & de David après la défaite de Goliath & des Philiſtins, qui ſont de vrais Trochaiques rimez. Le livre des Proverbes eſt autrement intitulé les Paraboles,

parce

parce que les Proverbes de cette sorte, selon la définition de
Quintilien, ne font que des fictions ou Paraboles en racour-
ci : comme au contraire Saint
Jean appelle Proverbes, les Paraboles qui font rapportées dans
fon Evangile. Le Cantique des
Cantiques est une piece drama-
tique en forme de Pastorale,
où les sentimens passionnez de
l'Epoux & de l'Epouse font ex-
primez d'une maniere si tendre
& si touchante , que nous en
ferions charmez, si ces expres-
fions & ces figures avoient un
peu plus de rapport avec nostre
genie ; ou que nous pussions
nous défaire de cette injuste
préoccupation qui nous empef-
che de goufter ce qui s'éloi-
gne tant foit peu de nos mœurs.
En quoy nous nous condam-
nons nous-mesmes , fans nous

C

en appercevoir, puifque noftre
legereté nous fait changer fi
fouvent de gouft & de couftumes. Noftre Seigneur luy-mefme ne donne prefque point de
préceptes aux Juifs que fous le
voile des paraboles. Enfin Saint
Jerofme rend témoignage que
ces figures faifoient les expreffions les plus familieres des peuples de Syrie & de la Paleftine,
chez qui il avoit fi long-temps
demeuré; afin, dit-il, que les
chofes fuffent plus intelligibles
par le fecours des fimilitudes &
des exemples, que par de fimples préceptes & des expofitions
toutes nuës. Le Thalmud contient un million de fables, toutes plus impertinentes les unes
que les autres : plufieurs Rabbins les ont depuis expliquées,
conciliées ou ramaffees dans
des ouvrages particuliers, &

ont composé d'ailleurs beaucoup de proverbes, d'apologues,
& de poësies , dont ils avoient
mesme une certaine espece , qui
sans estre assujetie au nombre
des syllables , & à la mesure des
vers, tiroit toute sa beauté de
ses paraboles , de ses hyperbo-
les , & de ses amplifications. Les
Cypriens , & les Ciliciens , voisins de la Syrie ont inventé de
certaines Fables qui portoient le
nom de ces peuples : & l'habi-
tude que les Ciliciens en leur
particulier avoient au mensonge, a esté décriée par un des p'us
anciens proverbes qui ayent eu
cours dans la Grece. Enfin les
Fables estoient en si grande vo-
gue dans toutes ces contrées ,
que parmi les Assyriens & les Arabes , selon le témoignage de Lucien , il y avoit de certains per-
sonnages , dont la seule profes-

sion estoit de les expliquer ; &
ces gens menoient une vie si
reglée , qu'ils vivoient beaucoup plus long-temps que les
autres hommes.

Mais il ne suffit pas d'avoir
découvert cette source des Romans : il faut voir par quels
chemins ils se sont répandus
dans la Grece, & dans l'Italie;
& s'ils ont passé de là jusqu'à
nous, ou si nous les tenons d'ailleurs. Les Ioniens , peuple de
l'Asie Mineure , s'estoient élevez à une grande puissance; &
après avoir acquis beaucoup de
richesses , ils s'estoient plongez
dans le luxe & dans les voluptez , compagnes inseparables
de l'abondance. Cyrus les sub-
jugua par la prise de Crœsus ; &
toute l'Asie Mineure estant
tombée avec eux sous la puissance des Perses , ils receurent

les mœurs avec les loix des vainqueurs, dont meslant les débauches à celles où leur inclination les avoit déja portez, ils devinrent la plus voluptueuse nation du monde. Ils rafinerent sur les plaisirs de la table ; ils y ajoûterent les fleurs & les parfums ; ils trouvérent de nouveaux ornemens pour les bastimens ; les laines & les étofes les plus fines, les habits les plus commodes, les plus belles & les plus riches tapisseries, venoient de chez eux. Ils furent auteurs d'une dance lascive, que l'on nomma Ionique; & ils se signalerent si bien par leur mollesse, qu'elle passa en proverbe. Cyrus mesme, pour prévenir les révoltes, & amollir le courage des Lydiens, voisins de l'Ionie, dont l'esprit remuant & turbulent l'inquietoit,

C iij

leur ordonna , par le conseil
de Crœsus , d'élever leurs enfans dans les exercices de plaisir , de les instruire à la débauche , & d'en faire des danceurs,
des Musiciens , & des bateleurs. Les Lydiens obéïrent à
cét ordre , & en changeant de
vie , ils changérent d'humeur
Quelques peuplades de cette
nation passérent depuis dans la
Toscane , d'où plusieurs alle-
rent à Rome. On y prit plaisir
à leur dance ; on se servit d'eux
dans les jeux publics,& dans les
spectacles : & du nom des Lydiens les Romains formérent
le terme le plus ordinaire dont
ils se servent pour exprimer le
jeu. Mais entre tous les peuples
de l'Ionie les Milesiens l'empor-
terent dans la science des plaisirs , & en délicatesse ingenieuse. Ce furent eux , qui les pre-

miers apprirent des Perses l'art
de faire les Romans ; & ils y
travaillérent si heureusement,
que les Fables Milesiennes, c'est
à dire leurs Romans , pleines
d'histoires amoureuses, & de recits dissolus , furent en réputation. Il y a assez d'apparence
que les Romans avoient esté
innocens jusqu'alors , que la galanterie y estoit traitée mode-
stement & rarement , que les
Milesiens les corrompirent les
premiers , & les remplirent de
narrations lascives & deshon-
nestes. Le temps a consumé tous
ces ouvrages , & à peine a-t-il
conservé le nom d'Aristide, le
plus célèbre de leurs Romanciers , qui avoit écrit plusieurs
livres de ces Fables , surnom-
mées Milesiennes. Je trouve
qu'un Denis Milesien , qui vécut sous le premier Darius, a-
C iiij

voit écrit des hiſtoires fabuleuſes : mais n'eſtant pas certain , que ce ne fuſt point quelque compilation de Fables anciennes, & ne voyant pas aſſez
de fondement pour croire que
ce fuſſent des Fables proprement appellées Mileſiennes, je
ne le mets point au rang des
faiſeurs de Romans ; non plus
qu'Hegeſippus , & ces autres
Auteurs dont Parthenius cite
les Mileſiaques , puis qu'il eſt
viſible par les narrations qu'il
emprunte d'eux , qu'ils avoient
écrit l'ancienne hiſtoire de Milet, & non pas des Fables que
l'on a appellées Mileſiennes.

Les Ioniens , qui eſtoient ſortis de l'Attique & du Pelopo-
neſe, ſe ſouvenoient de leur origine, & entretenoient un grand
commerce avec les peuples de
la Gréce. Ils s'envoyoient réci-

proquement leurs enfans pour
les dépaïfer, & leur faire prendre les mœurs & les couftumes
les uns des autres. Dans cette
communication fi fréquente, la
Gréce, qui eftoit affez portée
aux Fables d'elle-mefme, apprit
aifément des Ioniens l'art de
compofer les Romans, & le
cultiva avec fuccès. Mais pour
ne point confondre les chofes,
j'effayeray de rapporter felon
l'ordre des temps, ceux des
Ecrivains Grecs qui fe font fi-
gnalez dans cét art.

Je n'en vois aucun devant A-
lexandre le Grand : & cela me
perfuade que la fcience Roma-
nefque n'avoit pas fait de grands
progrès parmi les Grecs, avant
qu'ils l'euffent apprife des Perfes mefme, lors qu'ils les fubjuguerent, & qu'ils euffent puifé à la fource. Clearque de So-

li, ville de Cilicie, qui vefcut
du temps d'Alexandre, & fut
comme luy difciple d'Ariftote,
eft le premier que je trouve a-
voir écrit des livres d'amour.
Encore ne fçais-je pas bien, fi
ce n'eftoit point un recueil de
plufieurs événemens amoureux,
tirez de l'Hiftoire, ou de la Fable vulgaire, femblable à celuy
que Parthenius fit depuis fous
Augufte, & qui s'eft confervé
jufqu'à nous. Ce qui me donne ce foupçon, c'eft une hif-
torierte qu'Athenée a prife de
luy, où il rapporte quelques
marques d'eftime & de paffion
que donna Gygés Roy de Lydie
à une courtifanne qu'il aimoit.
Theophrafte, qui avoit auffi
efté difciple d'Ariftote, & A-
riftote luy mefme, avoient écrit
des Erotiques, comme Clearque : mais il eft aifé de juger

par les autres ouvrages de ces grands hommes, qu'ils avoient pluftoft traité l'amour en Philofophes, qu'en Mythologues, ou en Hiftoriens. Si les Differtations Erotiques d'Arifton, dont parle Diogene de Laërce, font les mefmes que les Similitudes d'amour d'un Auteur du mefme nom, alleguées par Athenée, comme quelques-uns l'ont crû, ce dernier titre donne lieu de juger que c'eftoit quelque chofe de femblable à la compilation de Parthenius. Je ne fçais en quel rang je dois mettre les fictions amoureufes de Philippes d'Amphipolis, d'Herodien, & d'Amelius Syrien, dont je ne connois que les titres fur le rapport d'un ancien Medecin, qui en ordonnoit la lecture pour remedier à de certaines maladies.

On peut dire en général des Erotiques des Anciens , qu'on trouve affez fouvent citez dans les livres des Auteurs plus recens , qu'ils eftoient ou Philofophiques, ou Mythologiques, qu'il y en a eu peu d'hiftoriques, & moins encore de Romanefques.

Antonius Diogenés, qui vécut peu de temps après Alexandre, felon la conjecture de Photius, fit un veritable Roman des amours de Dinias & de Dercyllis , à l'imitation de l'Odyffée d'Homere , & des voyages aventureux d'Ulyffe. Ce Roman , bien que défectueux en plufieurs chofes , & rempli de fadaifes, & de recits peu vray-femblables, & à peine excufables mefme dans un Poëme , fe peut néanmoins appeller régulier. Photius en a mis

un extrait dans ſa Bibliotheque , & dit qu'il le croit la
ſource de ce que Lucien , Lucius , Iamblique , Achillés Tatius , & Damaſcius ont écrit en
ce genre. Cependant , il ajouſte
au meſme lieu , qu'Antonius
Diogenés fait mention d'un
certain Antiphanés plus ancien
que luy , qu'il dit avoir écrit
des hiſtoires prodigieuſes , ſemblables aux ſiennes. Ainſi ce
dernier peut auſſi-bien avoir
fourni l'idée & la matiere à ces
Romanciers   qu'il   nomme ,
qu'Antonius Diogenés. Je crois
qu'il entend parler d'Antiphanés Poëte comique , que le
Geographe Stephanus , & d'autres , diſent avoir fait un livre
de Relations incroyables , &
meſme badines. Il eſtoit de Ber-
gé , ville de Thrace , & ſes
menſonges donnerent lieu aux

Grecs de dire par maniere de
proverbe , qu'un homme *bergai-*
zoit , quand il ne disoit pas la
verité. Mais on ne sçait point
de quel païs estoit Antonius
Diogenés.

Je ne puis vous dire précisément en quel temps a vescu
Aristide de Milet , dont je vous
ay parlé. Ce qu'il y a d'assuré,
c'est qu'il a vescu avant les
guerres de Marius & de Sylla :
car Sisenna Historien Romain
qui estoit de ce temps-là , avoit
traduit ses Fables Milesiennes.
Cét ouvrage estoit plein de
beaucoup d'obscenitez , & fit
pourtant depuis les délices des
Romains. De sorte que le Su-
renas , c'est-à-dire le Lieutenant
général de l'estat des Parthes,
qui défit l'armée Romaine com-
mandée par Crassus , les ayant
trouvées dans l'équipage de

Roscius, prit de là occasion d'in-
sulter devant le Senat de Se-
leucie à la mollesse des Romains,
qui mesme pendant la guerre
ne pouvoient se priver de semblables divertissemens.

Lucius de Patras, Lucien de
Samosate, & Iamblique, furent à peu près contemporains,
& vescurent sous Antonin, &
Marc Aurele. Le premier n'avoit
fait qu'un Recüeil de Meta-
morphoses, & de changemens
magiques d'hommes, y allant
souvent à la bonne foy, &
croyant les choses comme il
les disoit. Mais Lucien plus fin
que luy, en a rapporté une
partie pour s'en mocquer, selon sa coustume, dans le livre
qu'il a intitulé l'Asne, ou Lucius ; pour marquer que Lucius
estoit inventeur de cette fiction.
En effet, c'est un Abregé des

deux premiers livres des Mé-
tamorphofes de Lucius , qui
avoient la veritable forme d'une
Fable Milefienne ; & cét échantillon nous fait voir que Photius a eu raifon de fe plaindre
des faletez dont il eftoit rempli. Cét afne fi fpirituel & fi
bien dreffé , dont ces Auteurs
ont écrit l'hiftoire , a quelque
rapport avec un autre de pareil
merite , dont parle ailleurs le
mefme Photius après Damafcius. Il dit qu'il appartenoit à
un Grammairien nommé Am-
monius ; & qu'il eftoit doüé
d'un fi gentil efprit , & tellement né pour les belles chofes,
qu'il quittoit le boire & le man-
ger pour entendre reciter des
vers , & fe monftroit fort fen-
fible aux beautez de la Poëfie.
Le Brancaleoné eft fans doute
une copie de l'Afne de Lucien,

ou de celuy d'Apulée. C'est une
fiction Italienne , fort divertis-
sante , & pleine d'esprit. C'est
aussi apparemment sur le mesme modele que Miguel de Cer-
vantes a formé les aventures ,
qui sont rapportées dans le Col-
loque de Scipion & de Bergan-
ce , chiens de l'Hospital de Val-
ladolid. Lucien , outre son Lucius , a composé l'agréable Parabole du Jugement des voyel-
les , dont l'invention toutefois
est deuë à quelque Juif plus ancien que luy. Il a fait aussi deux
livres d'Histoires grotesques &
ridicules , & qu'il donne pour
telles , protestant d'abord qu'-
elles ne sont jamais arrivées, &
n'ont pû arriver. Quelques-uns
voyant ces livres joints à celuy
dans lequel il donne des préceptes pour bien écrire l'Histoire , se sont persuadez qu'il avoit

voulu donner un exemple de
ce qu'il avoit enseigné. Mais il
déclare dés l'entrée de son ouvrage, qu'il n'avoit point d'autre dessein que de se mocquer
de tant de Poëtes & d'Historiens, & mesme de Philosophes,
qui débitoient impunément des
fables pour des veritez, & é-
crivoient de fausses relations
des païs estrangers, comme a-
voient fait Ctesias & Iambulus.
S'il est donc vrai, comme l'assure
Photius, que le Roman d'Antonius Diogenés à esté la source de
ces deux livres de Lucien, il faut
entendre que les Histoires fabuleuses de Ctesias & d'Iambulus
ont esté l'occasion de celles du
Lucien, qui pour en faire mieux
voir l'impertinence & la vanité, en a composé de semblables;
& que le Roman d'Antonius
Diogenés en a esté le modele.

Ce fut dans ce mesme temps qu'Iamblique mit au jour ses Babyloniques. C'est ainsi qu'il a intitulé son Roman, dans lequel il a surpassé de bien loin ceux qui l'avoient precedé: car si l'on en peut juger par l'abregé que nous en a laissé Photius, son dessein ne renferme qu'une action revestuë d'ornemens convenables, & accompagnée d'episodes pris dans la matiere mesme. La vray-semblance y est observée avec assez d'exactitude, & les aventures y sont meslées avec beaucoup de varieté & sans confusion. Toutefois l'ordonnance de son dessein manque d'art. Il a suivi grossierement l'ordre des temps, & n'a pas jetté d'abord le Lecteur dans le milieu du sujet, suivant l'exemple d'Homere. Le temps a respecté cét ouvrage. On le trouve dans la Bibliotheque de Florence. Il étoit dans celle de l'Escurial, il n'y a pas encore long-temps, mais il ne s'y trouve plus presentement. J'ay lû quelque part que Jungermanus, qui a travaillé sur les paſtorales de Longus, en avoit un exemplaire. Monſieur Gaulmin les cite dans ſes écrits, & les promet au public; & Allatius en a depuis mis au jour une petite partie. Au reſte, il ne faut pas confondre cét Iamblique avec un Philoſophe du meſme nom, diſciple de Porphyre, dont Eunapius a écrit la vie, & qui a écrit celle de Pythagore, & pluſieurs autres ouvrages : il vivoit ſous l'Empereur Julien, & le Romancier ſous Antonin.

Heliodore l'a ſurpaſſé dans la diſpoſition du ſujet, comme

en tout le reste. Jusqu'alors on
n'avoit rien veu de mieux entendu , ni de plus achevé dans
l'art Romanesque , que les a-
ventures de Theagene & de
Chariclée. Rien n'est plus chas-
te que leurs amours ; en quoi
il paroist qu'outre la Religion
Chrétienne dont l'Auteur faisoit profession , sa propre vertu luy avoit donné cét air d'honnesteté qui éclate dans tout
l'ouvrage ; & en cela non seulement Iamblique , mais mesme presque tous les autres anciens , dont les Romans nous
sont demeurez, luy sont beaucoup inferieurs. Aussi dit-on
que son merite l'éleva à la dignité de l'Episcopat. Il fut E-
vêque de Tricca, ville de Thes-
salie ; & Socrate rapporte qu'il
introduisit dans cette Province la coustume de déposer les

Ecclesiastiques, qui ne s'abste-
noient pas des femmes qu'ils
avoient épousées avant leur entrée dans le Clergé. Tout cela
me rend fort suspect, ce qu'a-
jouste Nicephore, écrivain cre-
dule, peu judicieux, & peu fidele, qu'un Synode Provincial
voyant le peril où la lecture de
ce Roman, qui estoit autorisé
par la dignité de son Auteur,
faisoit tomber les jeunes gens,
& luy ayant proposé cette al-
ternative, ou de consentir que
son ouvrage fust bruslé, ou de
se défaire de son Evesché, il
accepta le dernier parti. Mais
pour revenir à son livre, on y
remarque beaucoup de fertilité & d'invention. Les évenemens y sont fréquens, nouveaux, vray-semblables, bien
arrangez, bien débroüillez. Le
dénoüément en est admirable:

il est naturel, il naist du sujet,
& rien n'est plus touchant, ni
plus pathetique. A l'horreur du
sacrifice, où l'on devoit immo-
ler Theagene & Chariclée, dont
la beauté & le merite touchoit
tout le monde de compassion,
succede la joye de voir cette
jeune fille sortir de ce danger
par la reconnoissance de ses
parens, & finir enfin ses longues miseres par un heureux
mariage avec son amant, à qui
elle porte pour dot la couronne d'Ethiopie. Le Guarini, &
après luy Monsieur d'Urfé, ont
bien sceu imiter ce bel endroit,
en la reconnoissance de Mirtil,
& en celle de Sylvandre. Il seroit à desirer qu'Heliodore, qui
a si bien sceu dénouër toute
l'intrigue de son Roman sans
Machine, s'en fust passé dans le
reste de son ouvrage, où il en

a employé plusieurs sans necessité. Photius louë l'elegance de
son stile : pour moy je le trouve trop affecté, trop figuré, &
trop poëtique. Il se plaist dans
les descriptions ; il s'y joüe, &
n'en peut sortir. Il me paroist
qu'il a imité celles de Philostrate. C'estoit la mode des beaux
esprits de son siecle, qui dura
depuis les Antonins, c'est-à-
dire depuis la décadence du
bon goust, jusqu'à la ruine de
l'Empire. Tel qu'il est, il a servi de modele à tous les faiseurs
de Romans, qui l'ont suivi, &
on peut dire aussi veritablement
qu'ils ont tous puisé à sa source, que l'on a dit que tous les
Poëtes ont puisé à celle d'Homere. Un savant homme de ce
temps a douté que ce livre fust
d'Heliodore Evesque de Tricca : mais il me semble qu'on
peut

peut s'en tenir au témoignage
de Socrate & de Photius, qui
rapportant cette opinion, comme univerſellement receuë, ſans
la contredire, font aſſez connoiſtre qu'ils l'ont ſuivie. Ceux
qui ont aſſûré qu'il eſt le meſme Heliodore, à qui Saint Je-
roſme a écrit les lettres que
nous voyons dans ſes œuvres,
auroient de la peine à le prou-
ver : car la convenance du
nom, du temps, & de la dignité d'Eveſque, ne ſont pas
des argumens convaincans.
Mais ceux qui le voudroient
nier, auroient encore plus de
peine à les refuter. D'autres ont
crû qu'il a veſcu ſur la fin du
deuxiéme ſiecle, le confondant avec Heliodore Arabe :
mais on ſçait qu'il a eſté contemporain du grand Theodoſe,
& de ſes enfans Arcadius &
D

Honorius. Auſſi voyons-nous
que dans le dénombrement que
Photius a fait des Romanciers
qu'il croit avoir imité Antonius Diogenés , il a mis Heliodore après Iamblique , & devant Damaſcius , qui veſcut
du temps de l'Empereur Juſtinien.

A ce compte Achillés Ta-
tius , qui a fait un Roman régulier des amours de Clitophon & de Leucippé , l'auroit
précedé ; puiſque Photius le
nomme devant Heliodore: mais
ce n'eſt pas un fondement aſſez
ſeur pour conjecturer ſon âge;
& d'autant moins que le meſme Photius reconnoiſt ailleurs
aſſez clairement qu'il a imité
Heliodore , & partant qu'il
eſt plus recent : ce que la dif-
ference du ſtile ſemble confirmer. Mais quoy qu'en effet il

l'ait imité fort ouvertement, &
que ce qu'il a de meilleur vien-
ne de luy, il ne luy eſt néanmoins comparable, ni en l'honneſteté des mœurs, ni en la varieté & la vray-ſemblance des
évenemens, ni en l'artifice des
dénouëmens. Il ſemble auſſi a-
voir pris quelque choſe de Lucien, & beaucoup plus encore de Philoſtrate. Une imitation fine & couverte euſt eſté
excuſable dans un Auteur peu
inventif, comme celuy-cy ; &
on euſt pû luy pardonner ſes
larcins, s'il euſt ſceu les déguiſ-
ſer ; mais il a manqué d'adreſſe, auſſi bien que d'invention.
Son ſtile, à mon gré, eſt préferable à celuy d'Heliodore,
quoy-qu'il ſente davantage la
nouveauté. Il eſt plus concis &
plus net. Il eſt auſſi plus ſim-
ple & plus naturel ; quoy-qu'il
D ij

ne le foit pas toûjours, & qu'il
forte fouvent de ce caractere,
ayant fes affectations & fes an-
tithefes, qui fentent la pouffie-
re de l'école. Il fait une grande levée de Rhetorique dans
tout ce procès de Therfandre,
& dans ces plaidoyers en-
nuyeux, qui font au feptiéme
& au huitiéme livre : mais en
voulant faire parade de fon é-
loquence, il fe fait voir un fort
mauvais orateur, froid, languiffant, fans force, & fans
agrémens. C'eft de cét efprit de
déclamateur, que partent les longues fentences & peu convenables au fujet, qu'il a fourrées
par cy par là, bien differentes
de celles dont les bons Hiftoriens ont affaifonné leurs recits.
Il n'avoit pas remarqué qu'elles y font liées avec un artifice
fi exquis, qu'elles femblent fai-

re une partie presque essentielle de la narration : & il ne savoit pas que les sentences sont
un grand ornement de l'Histoire , pourveu qu'elles n'y
soient pas proposées sententieu-
sement : autrement , elles de-
viennent des leçons magistra-
les , qui rebutent l'esprit du
lecteur. Ses episodes , qui de-
vroient estre ajustez si proprement avec la piece , qu'ils ne
parussent qu'un mesme tissu , y
sont cousus grossierement , &
paroissent plustost des lambeaux
que des ornemens. Mais il n'a
rien de plus défectueux que ses
descriptions frequentes, inutiles, & hors d'œuvre. C'est-là
qu'il se donne carriere , sans
regle & sans mesure. C'est sa
figure favorite , comme elle a
toûjours esté celle des esprits
mediocres, qui trouvant dans

ce qu'ils entreprennent de décrire, leur matiere toute pref-
te, ils ne font obligez d'y mettre du leur que des paroles, &
tout au plus quelques penfées,
fouvent fades & infipides, &
prefque toûjours pillées dans les
communes de la Rhetorique.
Et cependant s'abufant eux-
mefmes, ils croyent devoir à la
beauté & à la fertilité de leur
genie, ce qu'ils doivent à celle de la nature, qui leur avoit
fourni & préparé tout leur fujet. Le Taffe, & à fon exemple Monfieur d'Urfé, n'ont pas
laiffé de trouver de l'or dans
ce fumier, & d'en enrichir
leurs Paftorales. On y reconnoift entre autres l'agréable fiction de la piqueure de l'abeil-
le, & du faux enchantement
pour la guerir. On dit qu'Achillés Tatius fut enfin Chrétien,

& mesme Evesque. Je m'eston-
ne qu'on puft oublier fi aifément l'obfcenité de fon livre.
Il n'affujettit fon Heros ni à
l'honnefteté que prefcrit la Morale, ni à la fidelité pour fa
maiftreffe, qu'ordonnent les
loix de la galanterie ; il le fait
mefme un peu brutal, comme
eftoient les Heros de la vene-
rable antiquité. Mais je m'é-
tonne encore davantage que
l'Empereur Leon, furnommé
le Philofophe, ait pû louër la
modeftie de cet ouvrage par
une épigramme qui nous eft de-
meurée; & ait permis, & mefme confeillé de le lire d'un bout
à l'autre, à ceux qui font profeffion d'aimer la chafteté.

Je mets icy, fans doute avec
trop de hardieffe, cét Athenagoras, fous le nom duquel on
voit un Roman intitulé, *Du*

vray & parfait amour. Ce Livre n'a jamais paru qu'en François, de la traduction de Fumée, qui dit dans sa Préface qu'il a eu l'original Grec de Monsieur de Lamané, Protonotaire de Monsieur le Cardinal d'Armagnac, & qu'il ne l'avoit jamais veu ailleurs. J'oferois quafi ajoufter que perfonne ne l'a jamais veu depuis ; car fon nom n'a jamais paru , que je fache, dans les liftes des Bibliotheques ; & s'il fubfifte encore , il faut qu'il foit caché dans la poufliére du cabinet de quelque ignorant, qui poffede cét original fans le favoir ; ou de quelque envieux, qui en peut faire part au public fans le vouloir. Le Traducteur dit enfuite qu'il le croit une production de ce celebre Athenagoras , qui a écrit une Apologie pour la Religion Chrétienne,

en forme de Legation , adref-
fée aux Empereurs Marc Aurele & Commode , & un Traité de la Refurrection. Il fe fon-
de principalement fur le ftile,
qu'il trouve conforme à celuy
de ces ouvrages , & dont il a
pû juger , ayant l'original en
fon pouvoir. Et il le prend enfin pour une veritable hiftoire,
faute d'intelligence en l'art des
Romans. Pour moy , quoy que
je n'en puiffe parler avec affurance, n'ayant pas veu l'exemplaire Grec , néanmoins fur la
lecture que j'ay faite de la traduction , je ne laifferay pas de
vous dire que ce n'eft pas fans
quelque apparence , qu'il l'attribuë à Athenagoras auteur
de l'Apologie. Voicy mes raifons. L'Apologifte eftoit Chrétien : celuy-cy parle de la Divinité d'une maniere qui ne
D v

peut convenir qu'à un Chrétien : comme quand il fait dire
aux Preſtres d'Hammon, qu'il
n'y a qu'un Dieu, dont chaque
nation voulant repreſenter l'eſ-
ſence aux ſimples, a inventé di-
verſes images, qui toutes n'ex-
priment qu'une meſme choſe ;
que leur veritable ſignification
s'eſtant perduë avec le temps,
le vulgaire avoit crû qu'il y a-
voit autant de Dieux qu'on
voyoit d'images ; que de là eſt
venuë l'Idolatrie ; que Bacchus
en baſtiſſant le temple d'Hammon, n'y mit point d'autre image que celle de ce Dieu ſouverain & unique ; parce que
comme il n'y a qu'un ciel, qui
n'enferme qu'un monde, il n'y
a auſſi dans ce monde qu'un
Dieu qui ſe communique en eſprit. Il en fait dire autant &
davantage à de certains mar-

chands Egyptiens : favoir que
les Dieux de la Fable marquent
les differentes actions de cette
fouveraine & unique Divinité,
qui eft fans commencement &
fans fin , & qu'il appelle obfcu-
re & tenebreufe, parce qu'elle
eft invifible & incomprehenfi-
ble. De plus , les raifonnemens
que font ces Preftres , & ces
marchands fur l'effence divine,
font affez femblables à ceux
d'Athenagoras dans fa Legation. Cét Apologifte eftoit un
Preftre d'Athenes : celuy-cy
eftoit un Philofophe d'Athenes. L'un & l'autre paroift homme de bon fens & d'érudition,
& favant dans l'antiquité. Mais
d'un autre cofté je trouve un
paffage dans la Préface du Roman , qui prouve que l'Apologifte n'y peut avoir aucune
part. C'eft-là où l'Auteur fe
D vj

plaint de la playe fanglante
qu'Athenes fa patrie venoit de
recevoir, dans la défolation uni-
verfelle de la Grece. Cela ne
fe peut entendre que de l'ir-
ruption des Scythes , arrivée
fous l'Empire de Gallien ; ou de
celle d'Alaric Roy des Goths,
arrivée du temps d'Arcadius &
d'Honorius : car Athenes n'a-
voit point efté faccagée depuis
Sylla, c'eft-à-dire environ trois
cens cinquante ans avant l'inva-
fion des Scythes; & ne le fut qu'-
environ fept cens ans après celle
des Goths. Or je vois plus de raifon d'appliquer les paroles de
l'Auteur à la conquefte d'Alaric,
qu'à celle des Scythes, parce que
les Scythes furent promptement
chaffez d'Athenes , fans y avoir
fait affez de defordre pour donner lieu à de telles plaintes : & les
Goths la traitterent beaucoup

plus mal, & y laissérent de tris-
tes marques de leur barbarie.
Synese, qui vescut dans ce
temps là, en parle aux mesmes
termes que nostre Auteur, &
regrette comme luy la ruine des
Lettres, causée par ces Barbares dans le lieu de leur naissance, & le siege de leur empire. Et saint Jerosme contemporain de Synese, déplore la
triste désolation où la Grece é-
toit réduite de son temps par
le débordement des peuples fe-
roces du Septentrion. On ne
peut donc pas douter que ce
temps ne soit précisément celuy
qui est désigné dans la Preface
de nostre Roman, & partant
celuy auquel on fait entendre au
lecteur qu'Athenagoras le Romancier a vescu : & ce temps
est éloigné d'environ deux cens
cinquante ans de celui de l'Apo-

logiſte. Mais je m'amuſe à chercher en quel temps a veſcu le
Romancier, ſans être aſſûré s'il a
veſcu, & ſi cét ouvrage qui porte ſom nom , n'eſt point ſuppoſé. A la verité ce ſavoir pro-
fond dans les ſciences des Anciens touchant les choſes de la
nature & de l'art ; tant de connoiſſance des ſiecles paſſez ; ces
vieilles erreurs qu'il ſuit , &
qu'un homme moderne auroit
évitées , comme quand il a crû
que le Rha & le Boryſthene a-
voient quelque communica-
tion ; ces expreſſions Grecques
que l'on apperçoit au travers de
la traduction ; & par deſſus tout,
un certain air d'antiquité , ſi
mal-aiſé à contrefaire, que l'on
apperçoit dans tout l'ouvrage,
ſembleroient le devoir défendre do tout ſoupçon de ſuppo-
ſition. Mais d'ailleurs auſſi ,

peut-on croire que Photius
ayant parlé avec affez d'exactitude des faiſeurs de Romans
qui l'ont précedé , n'euſt rien
dit de celuy-cy ? que dans tous
les autres livres qui nous reſ-
tent , on ne trouvaſt aucune
mention , ni de la piece , ni de
l'Auteur ? qu'on n'en viſt aucun exemplaire dans les Bibliotheques ? & que celuy meſme
dont le Traducteur s'eſt ſervi ,
n'euſt point paru depuis ? Parmi
ces raiſons de douter , ſi vous
me forcez de prendre parti , je
vous avouëray franchement
que l'eſtime que je fais de l'ouvrage m'a autrefois impoſé ; &
que comme on croit aiſément
ce que l'on ſouhaite , je l'ay crû
legitime & ancien , parce que
je ſouhaitois qu'il le fuſt. Je
trouvois , ce me ſembloit , de
quoi répondre à ces objections

que je me faisois à moy-mefme. Si Photius, disois-je, n'a
point parlé de luy, on sçait
qu'il n'a pas parlé dans fa Bibliotheque de tous les Auteurs
qui ont esté avant luy, mais
feulement de ceux qu'il lût dans
fon ambaffade d'Affyrie. Si fon
nom ne paroift point dans les
Ecrivains plus recens, s'ils
n'ont rien dit de fon Roman,
quelle confequence peut-on tirer d'un argument negatif? Et
fi de nos jours il ne s'en eft trouvé qu'un feul exemplaire, qui
peut-eftre s'eft perdu depuis,
combien d'autres excellens ouvrages ont-ils eu la mefme def-
tinée? C'eft ainfi que je tafchois
de m'abufer moy-mefme; mais
enfin il faut fe rendre à la verité, & vous confeffer de bonne foy, qu'après une feconde
lecture que j'en ay faite avec

beaucoup plus d'attention que
la premiere , je suis demeuré
entierement convaincu qu'il est
faux & supposé. J'y reconnois
en mille endroits les mœurs &
les manieres de ces derniers
temps, inconnuës aux anciens,
qui découvrent la fourbe par
leur nouveauté. La demeure ,
la vie & la conduite des Prestres
& des Religieuses d'Hammon,
si semblables aux convens & au
gouvernement de nos Moines
& de nos Religieuses , ne s'accorde pas avec ce que l'Histoire nous apprend du temps où
la vie Monastique a pris naissance , & où elle s'est perfe-
ctionnée. Le soin que prend
l'Auteur d'expliquer de certaines coustumes anciennes differentes des nostres , ne peut convenir qu'à un homme moderne : car qui voudroit s'amuser

à décrire des choses de son temps, connuës de tout le monde, & d'un usage journalier? Il est vray que depuis le temps de Paul Emile, qui est l'époque du Roman, jusqu'à celuy d'Arcadius & d'Honorius, qui est celle du Romancier, les mœurs anciennes avoient changé, mais non pas à un tel point, que l'instruction qu'il donne fust necessaire. Il fait plusieurs remarques curieuses, qui se rapportent aux anciens Auteurs qui nous restent, & les éclaircissent ; principalement à Herodote, Plutarque, Quinte Curce, Iamblique le Philosophe, & Heliodore, qui sont les grands originaux, d'où il a tiré toute la matiere de son Roman ; mais il en fait quelques autres qui les contredisent, & n'auroient pas esté avancées

par un homme ancien, & mieux
instruit des choses de l'antiquité. Comme quand il suppose
que la Theologie des Ethiopiens est la mesme que celle des
Grecs ; qu'il attribuë à des
Payens des cerémonies & des
expressions toutes Chrétiennes;
& qu'il confond souvent les
mœurs des Romains, des Grecs,
des Africains , & des autres
peuples : comme quand il soustient , contre le témoignage
mesme de nostre siecle , conforme à celuy des siecles passez,
qu'il n'y a point de Brachma-
nes : comme quand il dit qu'on
ne trouve point d'émeraudes
en Afrique , si elles n'y sont
apportées du païs des Sabatiens,
ou pour parler plus juste , du
païs des Sabéens , peuple de
l'Arabie Heureuse ; contre ce
que dit Pline qu'on en trou-

voit dans l'Ethiopie, à trois jour-
nées de Coptos, & à Coptos
mefme, ville de la haute Egypte, fituée fur les bords du
Nil; & contre le fentiment de
Ptolemée, qui met dans fa
troifiéme Carte d'Afrique le
mont Smaragdus, qui a tiré
fon nom des émeraudes, ou
pluftoft qui le leur a donné; &
contre ce qu'Héliodore répete
tant de fois, qu'Hydafpe fit la
guerre à Oroondate Satrape de
Perfe pour les mines d'émeraudes, qui eftoient fur la fron-
tiere, d'Egypte & d'Ethiopie:
comme quand il fait dire à Melangenie que les Romains a-
voient embelli Memphis, fup-
pofant qu'ils en eftoient les
maiftres au temps qu'il veut
que Melangenie ait vefcu. Il
fait faire au milieu de la Grece une procedure criminelle,

en la mefme forme qu'elle fe
feroit au Chaftelet de Paris. Il
fait pratiquer le fupplice de
l'empalement parmi les Scythes, parce qu'il eft aujour-
d'huy en ufage parmi les Turcs
originaires de la Scythie; quoy-
que d'ailleurs Seneque, Proco-
pe, & Hefychius m'apprennent
que ce fupplice eft ancien. Le
nom de Brigittaire qu'il donne
à cette efclave Scythe, a efté
indubitablement formé fur celui de fainte Brigide, vierge
d'Ecoffe, qui vivoit environ
cent ans aprés le fiecle du pré-
tendu Athenagoras; ou pluftoft
fur celuy de fainte Brigitte, qui
a vefcu dans ces derniers fiecles, & qui eftoit native de
Suede, région voifine de la
Scythie. Cette remarque, à
mon jugement, fait tomber le
nafque d'antiquité, dont l'Au-

teur de la fuppofition s'eft cou-
vert. Je n'accufe point Fumée
le traducteur de cét artifice.
La piece vient d'un plus grand
ouvrier que luy, quoy-qu'il ne
manquaft pas d'érudition. Mais
je foupçonnerois volontiers ces
favans hommes qui eftoient auprés du Cardinal d'Armagnac,
d'avoir tendu ce paneau au pau-
vre Fumée, & de s'eftre fervis,
pour l'abufer, du Protonotaire Lamané, homme fans nom
dans les Lettres, & qui ne pouvoit eftre fufpect d'une fi docte
& fi ingenieufe tromperie. Quoi
qu'il en foit, cét ouvrage eft
inventé avec efprit, conduit
avec art, fententieux, plein
de beaux precéptes de Morale, orné d'une grande varieté d'images agréables, & judi-
cieufement arrangées. Les événemens y font vray-femblables,

les épiſodes tirez du ſujet , les
characteres diſtinguez , l'honneſteté par tout obſervée ; rien
de bas , rien de forcé , ni de
ſemblable à ce ſtile puerile des
Sophiſtes. L'argument eſt double ; ce qui faiſoit une des
grandes beautez de la Comedie ancienne ; car outre les a-
ventures de Theogene & de
Charide , il renferme encore
celles de Pherecyde & de Melangenie. L'erreur de Giraldi
n'eſt pas ſupportable , quand il
dit que la multiplicité d'actions
eſt de l'invention des Italiens.
Les Grecs & nos vieux François les avoient multipliées a-
vant eux. Les Grecs les avoient
multipliées avec dépendance &
ſubordination à une action principale , ſuivant les regles du
Poëme Héroïque , comme l'a
fort bien pratiqué noſtre faux

Athenagoras ; furpaſſant en cela Héliodore & Achillés Tatius,
qui n'ont pas negligé la dupli-
cité de l'argument, mais qui ne
l'ont pas aſſez débroüillée. Nos
vieux François les avoient multipliées ſans ordonnance, ſans
liaiſon, & ſans art. Ce ſont
eux que les Italiens ont imitez. En prenant d'eux les Romans, ils en ont pris les dé-
fauts. Er c'eſt une autre erreur
de Giraldi pire que la préce-
dente, de loüer ce defaut, &
d'en faire une vertu. S'il eſt
vray, comme il le reconnoiſt
luy-meſme, que le Roman doit
reſſembler à un corps parfait,
& eſtre compoſé de pluſieurs
parties differentes & propor-
tionnées ſous un ſeul chef, il
s'enſuit que l'action principale,
qui eſt comme le chef du Roman, doit eſtre unique & illuſtre

ſtre en comparaiſon des autres;
& que les actions ſubordon-
nées , qui ſont comme les mem-
bres , doivent ſe rapporter à ce
chef , luy ceder en beauté &
en dignité , l'orner , le ſouſte-
nir , & l'accompagner avec dépendance : autrement ce ſera
un corps à pluſieurs teſtes ,
monſtrueux & difforme. L'e-
xemple d'Ovide , qu'il allegue
en ſa faveur , & celuy des autres Poëtes Cycliques , qu'il
pouvoit auſſi alleguer , ne le
juſtifient pas : car les Méta-
morphoſes de l'ancienne Fable,
qu'Ovide s'eſtoit propoſé de
ramaſſer en un ſeul Poëme , &
celles qui compoſent les poëmes Cycliques , eſtant toutes
des actions détachées , à peu
prés ſemblables , & d'une beauté preſque égale, il eſtoit autant impoſſible d'en faire un

corps régulier, que de faire un
baſtiment parfait avec du ſable
ſeulement. L'applaudiſſement
qu'ont eû ces Romans défectueux de ſa nation , & qu'il
fait tant valoir , le juſtifie encore moins. Il ne faut pas juger d'un livre par le nombre,
mais par la ſuffiſance de ſes
approbateurs. Tout le monde
s'attribuë la licence de juger
de la Poëſie & des Romans;
tous les piliers de la grande Sa-
le du Palais, & toutes les ruel-
les s'érigent en tribunaux , où
l'on décide ſouverainement du
merite des grands ouvrages. On
y met hardiment le prix à un
Poëme Epique ſur la lecture
d'une comparaiſon , ou d'une
deſcription ; & un vers un peu
rude à l'oreille , tel que le lieu
& la matiere le demandent
quelquefois , l'y pourra perdre

de réputation. Un sentiment tendre y fait la fortune d'un Roman ; & une expression un peu forcée, ou un mot suranné le decrie. Mais ceux qui les composent ne se soumettent pas à ces décisions. Ils savent que le discernement & le goust de ces sortes d'ouvrages , comme Longin l'a dit des ouvrages d'éloquence, est le dernier effet d'une longue pratique. Ils se souviennent de la maxime de Ciceron , que l'estime des Poëmes dépend du jugement d'un petit nombre de personnes ; & de celle d'Horace , qu'il n'appartient pas à tout le monde d'en remarquer les defauts : & semblables à cette Comedienne , dont il parle , qui estant chassée du Theatre par le peuple , se contenta de l'approbation des Chevaliers , ils se contentent de plaire à de plus fins connoisseurs, & qui ont d'autres regles pour en juger. Et ces regles font connuës de fi peu de gens, que les bons juges font peut-eftre plus rares que les bons Romanciers, ou les bons Poëtes; & que dans le petit nombre de ceux qui fe connoiffent en vers, à peine en trouvera-t-on un qui fe connoiffe en Poëfie, ou qui fache mefme que les vers & la Poëfie font tout-à fait differentes. Ces juges, dont le fentiment eft la regle certaine de la valeur des Poëmes & des Romans, avouëront à Giraldi que les Romans Italiens ont de tres-belles chofes, & meritent beaucoup d'autres loüanges, mais non pas celle de la régularité, de l'ordonnance, ni de la juftelle du deffein. Je reviens au

Roman d'Athenagoras, dont l'entrée est incomparable. C'est la peinture de ce superbe triomphe de Paul Emile, où parmi tant de choses singulie-res & mémorables qui relevent la beauté de ce spectacle, on voit un grand Roy chargé de chaisnes, traisné avec ses enfans devant le char du victo-rieux : & où Charide agitée de son amour, & accablée de dou-leur d'estre en la puissance des Romains, & séparée de son a-mant, est agréablement surpri-se du plaisir de le revoir, mais cruellement affligée que ce soit parmi les captifs. Il s'en faut beaucoup que le dénouëment, quoy que sans machine, n'ap-proche de l'excellence de cette ouverture. Il n'est pas assez pic-quant : il se presente avant que la passion & l'impatience du le-

&teur foient affez tenduës, & il
ne fe fait qu'à baftons rompus.
Toutes ces aventures qui le précedent , quoyque bien inven-
técs , ne font pas aff.z liées entre elles , ni à l'action principale. Elles ébranlent un peu
l'efprit , mais c'eft à tant de
reprifes , qu'elles ne l'échauffent
pas , & le dénouëment qui doit
en calmer l'agitation , caufée
adroitement , & toûjours augmentée par un enchaifnement
ingenieux de nouvelles aventures , difpofées avec induftrie,
fe trouve froid & languiffant,
fans paffion & fans curiofité.
L'Auteur s'eft méfme fi fort re-
lafché de fa premiere regulari-
té fur la fin de l'ouvrage , qu'il
peche en bien des chofes contre la loy de l'unité de l'action,
à la quelle tout le dixiéme livre
n'a point de relation effentiel-

le ; & il fait une faute approchante de celle de ce Poëte des
derniers temps , qui ignorant
les regles de l'Epopée , a creu
que le deſſein de l'Eneïde eſtoit
imparfait , & en a fait le ſup-
plement , pour y ajouſter le mariage & la mort d'Enée. Au
reſte , je ne puis approuver que
Theogene manque à la parole
qu'il a donnée au Roy des Scythes , & qu'il s'en mocque. Cela n'eſt pas digne d'un Heros ,
ni meſme d'un honneſte homme. Charide garde mal auſſi ſon
charactere d'Heroïne , dans la
lettre pleine de diſſimulations
& de déguiſemens , qu'elle é-
crit à Octavie. Il ſemble meſme qu'elle ne luy taiſe ſon mariage , que parce que ſa con-
ſcience luy reproche que toutes les formes de l'exacte bienſeance n'y ont pas eſté gardées.

J'apperçois , outre cela , dans
les obfervations & la narration de l'Auteur , & dans le
procedé des perfonnages qu'il
fait entrer dans fon Hiftoire ,
un certain air bourgeois , peu
convenable à leur dignité & à
leur fiecle. Mais fon plus grand
defaut , c'eft l'oftentation im-
portune , avec laquelle il efta-
le fon favoir dans l'Architecture. Ce qu'il en a écrit , feroit
admirabe ailleurs ; mais il eft
vicieux là où il l'a mis , & hors
de fa place. Les belles & heu-
reufes defcriptions de Palais &
de Temples , qu'il avoit veuës
dans quelques Romans , femblent avoir efté caufe de fon
erreur. Mais autre chofe eft de
les décrire en Romancier , par
rapport à fon fujet , & fans
perdre de veuë fon action principale, comme Montemayor a

décrit le Palais de Felicie : autre chose est de les décrire en
Architecte , oubliant son dessein , pour entrer dans le détail & dans les minuties de l'art,
comme a fait nostre faux Athenagoras. Ce qui est un vice si
capital , que ce n'en est pas
mesme un au Poëte ni au Romancier , que de faire de certaines fautes contre les arts qui
ne sont pas le sien. Un Poëte
peut impunément pecher contre la Chronologie & contre
l'Histoire , pourveu que la faute ne soit pas grossiere ; & ce
n'est pas l'entendre , que de
chicaner Virgile sur ses ana-
chronismes. Ce seroit au contraire une affectation ridicule ,
& une veritable pedanterie à un
Poëte , que de remplir ses vers
de termes de chasse & de navigation , & d'autres sembla-
E v

bles, qui font à l'ufage de peu
de perfonnes : parce que comme le Poëte doit fuivre les o-
pinions communes, il doit auffi
fe fervir de termes connus, &
ne traiter les arts qu'autant
qu'il faut pour l'intelligence de
fa narration, ou pour l'ornement de fa Fable, fans aller au
delà de ce que tout le monde
fçait. *Ne dee anco il Poëta*, dit
Giraldi, *nel defcrivere le fabri-
che, volerfi moftrare in guifa Ar-
chitettore, che defcrivendo troppo
minutamente le cofe à tale arte ap-
partinenti, lafci quello che convie-
ne al Poëta ; alla quale cofa egli
dee foura ogni cofa mirare, fe cer-
ca loda ; oltre che quefte defcrittio-
ni di cofe mechaniche recano con
loro vilta, & fono lontane &
dall'ufo, & dal grande dell He-
roïco.* Et en cela mefme, je trouve encore un grand fujet de

soupçonner l'ouvrage de fausseté. On sçait que le Cardinal
d'Armagnac avoit beaucoup de
passion pour l'Architecture. Phi-
lander , commentateur de Vitruve , estoit à lui. C'a esté un
des hommes de son siecle le plus
intelligent dans cét art , & d'ailleurs fort savant dans les belles
lettres. On remarque que l'architecture du pretendu Athenagoras quadre fort avec celle de Vitruve. Ne peut-on pas
justement presumer que Phi-
lander , pour appuyer ses opi-
nions de quelque autorité ancienne, s'est servi de cette su-
percherie. L'artifice eust esté
grossier & bientost reconnu, si
l'on eust veu sortir à découvert
un traité d'Architecture de ses
mains , ou de chez le Cardinal
son patron. Pour mieux détour-
ner les soupçons de dessus luy;

E vj

& dépaïfer les lecteurs, il a fait
un livre de galanterie, où fa
doctrine n'eft inferée que par
occafion ; & il a employé le Protonotaire Lamané pour le produire, & Fumée pour le traduire, fans y faire paroiftre fon
nom. Je vous ay marqué les
principaux Auteurs qui luy ont
fourni fa matiere. Heliodore eft
celuy auquel il s'eft principalement attaché, comme au meilleur modele de Roman qu'il
puft choifir. Les noms & les
characteres de Theogene & de
Charide reffemblent à ceux de
Theagene & de Chariclée.
Theogene & Charide fe virent,
& s'aimerent en une fefte de
Minerve, comme Theagene &
Chariclée en une fefte d'Apol-
lon ; & comme Leandre & He-
ro, & Celadon & Aftrée en
une fefte de Venus ; & com-

me Selvagie & Yſmenie dans la Diane de Montemayor s'aimerent auſſi en une feſte de Minerve. Athenagoras fait un Harondat gouverneur de la baſſe Egypte : Heliodore fait un Oroondate gouverneur d'Egypte. Charide feint d'eſtre ſœur de Theogene, comme Chariclée de Theagene. Les Scythes dans Athenagoras ont une maniere extraordinaire & ſurnaturelle de connoiſtre la virginité des filles, & ils mettent Charide à cette épreuve ; les Ethiopiens dans Heliodore ont la leur, dont Chariclée fait l'eſſay. Achillés Tatius l'a imité en cela, auſſi bien que la pluſpart des autres Romanciers anciens & nouveaux, & meſme Monſieur d'Urfé plus d'une fois: & les eaux ameres dont les Ebreux ſe ſervoient par l'ordre

de Dieu pour éprouver la cha-
ſteté des femmes ſuſpectes à
leurs maris, ont ſans doute fourni cette idée à Heliodore. A.
thenagoras a creu devoir parler des émeraudes de Scythie,
commeHeliodore de celles d'E.
thiopie. Athenagoras feint que
Theogene eſt preſt d'eſtre ſacrifié par les Scythes : Heliodore feint que Theagene eſt
preſt d'eſtre ſacrifié par les E-
thiopiens. Et Athenagoras enfin comme Heliodore, a diviſé
ſon ouvrage en dix livres. Celuy qui nous a ſuppoſé cét Auteur ne s'eſt pas contenté de le
faire ſi ſemblable à Heliodore;
il l'a fait encore ſon contemporain , comme je l'ay remarqué.
Il ne pouvoit choiſir un temps
où l'eſtude des Romans fleu-
riſt davantage : car Saint Je-
roſme , qui vivoit alors, ſe plaint

qu'on abandonnoit les scien-
ces solides & utiles pour s'y appliquer.

Je ne mettray pas au nom-
bre des Romans les livres des
Paradoxes de Damascius Philosophe payen , qui vescut sous
Justinien : car lors que Photius
dit qu'il a imité Antonius Diogenés , le modele de la pluspart des Romanciers Grecs , il
faut entendre qu'il a écrit comme luy des histoires peu croya-
bles & fabuleuses , mais non
pas romanesques , ni en forme
de Roman. Ce n'estoient qu'ap-
paritions de spectres & de lu-
tins , & qu'évenemens au dessus de la nature , ou crus trop
legerement, ou imaginez avec
peu d'adresse , & dignes de
l'impieté & de l'idolatrie de leur
Auteur.

Deux cens ans après Dama-

scius , l'histoire de Barlaam &
de Josaphat fut composée par
Saint Jean Damascene. Plusieurs
manuscrits anciens l'attribuënt
à Jean le Sinaïte , qui vescut
du temps de l'Empereur Theo-
dose : mais Billius fait voir que
c'est sans raison , parce que les
disputes contre les Iconocla-
stes , qui sont inferées dans cét
ouvrage , n'avoient point encore esté émeuës alors , & ne
l'ont esté que long-temps a-
prés par l'Empereur Leon Isau-
rique , sous lequel vescut saint
Jean Damascene. C'est un Roman , mais spirituel : il traite
de l'amour , mais de l'amour de
Dieu : & l'on y voit beaucoup
de sang répandu , mais c'est du
sang des Martyrs. Il est écrit en
forme d'histoire , & non pas
dans les regles du Roman. Et
cependant , quoy-que la vray-

semblance y soit assez exacte-
ment observée , il porte tant
de marques de fiction , qu'il ne
faut que le lire avec un peu de
discernement , pour en tomber
d'accord. Il suppose que Josaphat estoit fils d'un Roy Indien;
que son aventure est arrivée
dans les Indes ; & que de certains Ethiopiens , gens pieux &
de bonne foy , qui l'avoient ap-
prise dans des memoires reconnus pour veritables , la luy ont
rapportée.   Il appelle Ethiopiens les Indiens , confondant
l'Ethiopie avec les Indes , selon
la coustume de plusieurs Anciens. Cependant il fait porter
à la plufpart de ses personna-
ges des noms Syriaques , c'est
à dire des noms de son païs.
Non pas que je veuïlle souste-
nir que tout en soit supposé :
il y auroit de la témerité à des-

avouër qu'il y ait jamais eû de Barlaam ni de Jofaphat. Le témoignage du Martyrologe, qui les met au nombre des Saints, & leur interceffion que Saint Jean Damafcene reclame à la fin de cette Hiftoire, ne permettent pas d'en douter. Peut-eftre mef ne n'en eft-il pas le premier inventeur. Sa credulité perfuade affez qu'il croyoit ce qu'il a voulu faire croire, & qu'il avoit ouï en effet une partie de ce qu'il a écrit. Il découvre au refte l'efprit romancier de fa nation, par le grand nombre de paraboles, de comparaifons, & de fimilitudes qui y font répanduës. Et cét ouvrage, foit pour la maniere dont il eft écrit, foit pour l'agrément de fon invention, foit pour fa pieté, a efté fi fort au gouft des Chreftiens d'Egypte, qu'ils l'ont traduit en langue Copte, & qu'il est aujourd'huy assez commun dans leurs Bibliotheques: si toutefois c'est une traduction; car peut-estre est-ce quelque autre original de la vie des deux Saints. J'ay mesme quelque soupçon qu'Ebn Tophail dans son Roman Arabe, dont j'ay parlé, a pris le dessein de l'éducation solitaire & retirée, & de l'instruction fortuite de son Heros, sur celle de Josaphat, quoy que d'ailleurs fort differente.

Le Roman de Theodorus Prodromus, & celuy qu'on attribuë à Eustathius Evesque de Thessalonique, qui fleurissoit sous l'Empire de Manuel Comnene, vers le milieu du douziéme siecle, sont environ de mesme force. Le premier contient les amours de Dosiclés &

de Rhodanthé ; & l'autre celles d'Hyſminias & d'Hyſmine,
d'où Montemayor a pris le nom
de ſon Yſmenie. MonſieurGaul-
min a donné l'un & l'autre au
public , avec ſa traduction &
ſes notes. Comme il ne dit rien
d'Euſtathius dans la Préface du
livre qui porte ſon nom , je
veux expliquer ſon ſilence en
ſa faveur , & croire qu'habile comme il eſtoit , il n'eſt pas
tombé dans l'erreur de quelques ſavans , qui ſe ſont perſuadé que ce docte Commentateur d'Homere a eſté capa-
ble de faire un auſſi miſerable
ouvrage qu'eſt celuy-cy. En effet , quelques Manuſcrits nomment l'Auteur Eumathius , &
non pas Euſtathius. Quoy qu'il
en ſoit , rien n'eſt plus froid,
rien n'eſt plus plat , rien n'eſt
plus ennuyeux : nulle bienſean-

ce , nulle vray-semblance , nulle invention , nulle conduite.
C'est son Heros qui parle dans
tout l'ouvrage, & raconte ses
aventures sansqu'on voye à qui,
ni par quelle occasion : & il
les raconte sans mettre dans
l'ordre auquel elles sont arrivées , tout l'arrangement que
l'art prescrit. C'est Hysmine qui
aime la premiere , & qui fait
toutes les avances , sans rete-
nuë, sans honte, & sans adresse : & Hysminias les reçoit sans
y répondre , & mesme sans les
sentir. Cela est loüable selon les
loix de la Morale ; mais il n'est
pas dans les regles du Roman.
On ne sçait ce que devient Cra-
tisthene , le fidele ami d'Hysminias , & compagnon de sa
fortune. L'Auteur l'oublie dans
le vaisseau où il l'a fait embar-
quer, & n'en parle plus. Enfin

toute la piece eſt le travail d'un
écolier, ou de quelque chetif
Sophiſte qui meritoit d'eſtre é-
colier toute ſa vie. Theodorus
Prodromus ne luy eſt gueres
préferable : il a pourtant un peu
plus d'art, quoi qu'il en ait fort
peu ; il ne ſe tire d'affaire que
par des machines , & il n'entend rien à faire garder à ſes
Acteurs la bienſeance & l'uni-
formité de leurs characteres,
La longue harangue de Bryaxis
à ſon armée , & les plaintes en-
nuyeuſes de Rhodanthé pour
l'abſence de ſon amant, ſont
des pieces de la plus froide &
de la plus indiſerte éloquence,
dont jamais Déclamateur ait
aſſaſſiné ſes auditeurs. Il a voulu encherir par deſſus Homere
dans l'ordonnance de ſon ſujet.
Il ne s'eſt pas contenté d'entrer dans ſa narration par le

milieu de l'aventure, & de faire raconter fimplement tout ce
qui a précedé par quelqu'un
des principaux perfonnages: il
n'en fait raconter directe-
ment à Doficlés que la derniere partie ; & dans fon recit il
luy en fait rapporter le commencement d'une maniere o-
blique, en repetant ce qu'il a-
voit déja dit à un autre. Mais
il a outré l'artifice par trop
rafiner , & il a embrouïllé
fon deffein , en voulant en-
chaffer un recit dans un recit.
Et luy & Euftathius ont copié
Achillés Tatius, pluftoft qu'ils
ne l'ont imité. Ils ne fe font pas
mefme donné la peine de changer les noms de Panthie & de
Softhene , qu'ils ont pris de luy ;
& on peut juger du merite de
ces ouvrages par celuy de l'o-
riginal. Ils ont fuivi Heliodo-

re d'un peu plus loin, mais toutefois fans le perdre de veuë.
Les Paſtorales de Longus leur
ont auſſi quelquefois ſervi de
modele : ſi toutefois il eſt plus
ancien qu'eux ; car on ignore
en quel temps ils ont veſcu. Il
ſemble qu'Eſtathius tient de
luy cette fine galanterie de faire ſervir Hyſmine à table, &
preſenter le verre à Hyſminias
après y avoir beu la premiere,
& de le faire boire par le meſme endroit que les levres de ſa
maiſtreſſe ont touché : & que
Theodorus Prodromus luy doit
le nom & l'employ de Bryaxis.
Le traité de Lucien, intitulé,
Les Lapithes, a fourni à ce dernier le nom, le perſonnage, &
la figure du bouffon Satyrion,
chantant & dançant dans le re-
pas. Mais je ne l'accuſeray pas
d'avoir dérobé à Petrone l'invention

vention de ce couteau artifi-
cieux , dont Satyrion fait fem-
blant de fe tuer. Je n'en accufe-
ray pas non plus Achillés Tatius,
de qui il l'a prife. Les Grecs ne
faifoient pas affez de cas de la
Langue Latine pour la vouloir
apprendre, & pour lire les livres des Romans. Cependant
tout défectueux que je vous reprefente le Roman d'Euftathius,
il a merité d'eftre imité par un
bien plus grand maiftre que luy.

J'entends Monfieur d'Urfé , à
qui la Fontaine merveilleufe de
la Diane d'Artycomis , a fait
naiftre indubitablement la penfée de la Fontaine de la verité
d'amour. L'ouvrage de Prodromus eft pluftoft un Poëme qu'un
Roman, car il eft écrit en vers,
& cela luy rend plus pardon-
nable fon ftile trop figuré &
trop licentieux. Néantmoins

F

comme ces vers font Iambes,
qui reſſemblent à la proſe, &
qu'on les pourroit appeller une
proſe meſurée, je ne l'exclus
point de cette liſte. Monſieur
Gaulmin prétend qu'il eſtoit
Ruſſe de nation, Preſtre, Medecin, & Philoſophe. Je con-
viens de cette derniere qualité, puis qu'il s'en vante dans
un autre de ſes ouvrages. Pour
le reſte, je ne ſçais ſur quoy il
eſt fondé, car je trouve ſeulement qu'il eſt ſorti d'une famille Chrétienne, qu'il a eſté
eſlevé dans la pureté du Chri-
ſtianiſme, & qu'il avoit un oncle Eveſque de Ruſſie. Je ne
puis deviner qui eſt le plus recent d'Euſtathius ou de luy, ni
par conſequent lequel eſt l'inventeur ou l'imitateur de tout
ce qu'ils ont de ſemblable.

Je ne fais pas tout-à-fait

le mesme jugement des Pastorales de Longus, que des deux
Romans précedens. Car encore qu'on y reconnoisse le charactere de Sophiste, tel qu'il
estoit, par la rencontre affe-
ctée des mots, par le jeu & la
consonance des syllables, & par
les descriptions inutiles qu'il a
tirées de ses lieux communs,
néanmoins il est bien plus châ-
tié que la pluspart des anciens
Romanciers, dont le stile plein
de métaphores, d'antitheses,
& de ces figures brillantes qui
surprennent les simples, & qui
flattent l'oreille sans remplir
l'esprit, tient de l'Orateur &
de l'Historien, & n'est propre
ni à l'un ni à l'autre. Au lieu d'at-
tacher le lecteur par la nouveauté des évenemens, par l'arrangement & la varieté des
matieres, & par une narration

nette & preſſée , qui ait pourtant ſon tour & ſa cadence , &
qui avance toûjours dans ſon
ſujet , ils eſſayent de le retenir
par des deſcriptions pompeuſes,
remplies de mots , & vuides de
choſes , pour parler comme Horace , & par des bagatelles har-
monieuſes : ils l'écartent hors
du grand chemin ; & pendant
qu'ils luy font voir tant de païs
qu'il ne cherche point , ils con-
ſument & uſent ſon attention
& l'impatience qu'il avoit d'aller à la fin qu'il cherchoit , &
qu'ils luy avoient propoſée. Longus n'eſt pas tout-à-fait exempt
de ce defaut : mais comme s'il
le ſentoit, il ſe retient , & ren-
tre promptement dans ſa matiere. Son ſtile d'ailleurs eſt ſim-
ple , aiſé , naturel , & concis
ſans obſcurité ; ſes expreſſions
ſont pleines de vivacité & de

feu ; il produit avec esprit ; il peint avec agrément ; il difpo- fe fes images avec adreffe ; les characteres font gardez exacte- ment ; les epifodes naiffent de l'argument ; les paffions & les fentimens font traitez avec une délicateffe affez convenable à la fimplicité des bergers , mais non pas toûjours aux regles du Roman ; comme quand il fait commettre à Daphnis une infi- delité par ignorance. Il ne pe- che gueres contre la vray-fem- blance que dans les machines, qui y font employées fans dif- cretion , & qui ont corrompu le dénouëment de la piece, af- fez heureux d'ailleurs & affez agréable. L'Oeconomie mal en- tenduë de fa Fable eft un de- faut encore plus effentiel. Il commence groffierement à la naiffance de fes bergers , & ne finit pas mesme à leur mariage. Il étend sa narration jusqu'à leurs enfans, & à leur vieillesse. Si obscene au reste, qu'il faut estre un peu Cynique pour le lire sans rougir. On peut remarquer plusieurs traits qu'il a pris des autres Auteurs dont je viens de vous parler, ou qu'ils ont pris de luy : car on ne sçait pas leur âge, ni celuy de Longus. Aucun des Anciens ne parle de luy, & il ne porte aucune marque qui donne lieu aux conjectures ; si ce n'est peut-estre la pureté de son élocution, qui me le fait juger plus ancien que les deux précedens. Je m'engageay dans mon enfance à traduire cét Auteur, avant que de bien connoistre ce qu'il a de bon & de mauvais, & sans sçavoir combien la lecture en est dangereuse à cét âge, & peu

honeſte meſme à un âge plus
avancé. Il me paroiſt aſſez croyable , que Monſieur d'Urfé a
pris de luy l'idée de ſes Paſt -
rales; ou que s'il l'a priſe, comme
tant d'autres choſes , & l'argument meſme de ſon Sireine, de
la Diane de Montemayor , ou
de l'Aminte du Taſſe , ou du
Paſtor fido du Guarini qu'il a
auſſi pillé ſans ſcrupule , ou de
quelqu'une des autres Paſtorales Italiennes qui ſont en ſi
grand nombre , que Bartoli
d'Urbin en avoit ramaſſé juſqu'à quatre-vingt , Longus ,
que ceux-ci ont vray - ſembla-
blement imité , eſt le premier
modele des uns & des autres.
Quoyque les Idylles de Theo-
crite , les Eglogues de Virgile,
& toutes celles que les Poëtes
Grecs & Latins nous ont laiſ-
ſées, & meſme celles des Pro-

vençaux , puiſſent bien avoir contribué aux deſſeins de leurs ouvrages ; & que pour remonter plus haut, ce que nous avons des anciens Ebreux en ce genre , dont on pourra bien taſcher d'imiter les agrémens, mais qu'on n'égalera jamais, ſoit la ſource de toutes les Paſto-rales. Ce que je m'eſtonne que les Italiens n'ayent pas obſervé. S'ils l'avoient fait , ils n'en au-roient pas rapporté l'invention au Taſſe, comme a fait le Man-ſo ; ni au Beccari , comme a fait l'Auteur des deux Verati. Quoy qu'à dire le vray , d'a-voir fait paroiſtre des Acteurs d'une condition, dont on n'en avoit point encore veu , après en avoir veu de tant de con-ditions differentes dans les Co-medies des Anciens , & après avoir trouvé ſi ſouvent des ber-

gers meflez dans les intrigues
des Romans, cela ne me femble pas une invention fi merveilleufe, qu'elle vaille la peine d'eftre tant difputée. Celle
d'avoir choifi des Comédiens
de campagne , ou des Bourgeois , pour les perfonnages
d'un Roman, ne me paroift pas
moins fpirituelle. Et la fiction
du gentilhomme campagnard,
à qui la lecture des Romans a
fait tourner la cervelle , & qui
fe faifant Paladin, rend ridicule toute la chevalerie romanef-
que, me paroift fans comparai-
fon plus ingenieufe & plus nouvelle. Je reviens a mon fujet.

Pour les trois Xenophons
Romanciers , dont parle Suidas , je ne vous en puis rien
dire que ce qu'il en dit. L'un
eftoit d'Antioche , l'autre d'E-
F v

phese, & le troisiéme de Chypre. Tous trois ont écrit des
histoires amoureuses. Le premier avoit donné à son livre le
nom de Babyloniques, comme
Iambique : le second avoit intitulé le sien les Ephesiaques,
& rapportoit en dix livres les
amours d'Habrocomas & d'An-
thie : & le troisiéme avoit nommé le sien les Cypriaques, où
il racontoit les amours de Ci-
nyras, de Myrrha, & d'Ado-
nis. Le Roman de Chariton,
que l'on garde au Vatican, ne
m'est connu que de nom : mais
l'on ignore le nom mesine de
celuy qui a écrit les amours de
Callimachus & de Chrysorroë,
& de cét autre qui a écrit celles de Lybistrus & de Rho-
damné. Je juge néantmoins par
le langage barbare des passages
de ces Auteurs, que Meursius

a citez, qu'ils sont fort recens :
quoy que le discours du premier retienne un peu plus de
la pureté ancienne, & soit moins
meslé de Grec vulgaire. L'un &
l'autre a écrit en vers Politiques, qui ne different de la prose que par la cadence & la mesure , & qui ont esté fort à la
mode parmi les Grecs du bas
Empire.

Je ne crois pas devoir oublier
Parthenius de Nicée , de qui
nous avons un livre intitulé
Des p. ssions amoureuses , qu'il dédia au Poëte Cornelius Gallus,
du temps d'Auguste. Plusieurs
des histoires qu'il rapporte, sont
tirées de l'ancienne Fable , &
des anciens Auteurs qu'il cite.
Quelques - unes me semblent
romanesques , & avoir esté pri-
ses des Fables Milesiennes;com-
me celle d'Erippé & de Xan-

thus , au chapitre huitiéme ;
celle de Polycrite & de Dio-
gnete , au chapitre neuviéme;
celle de Leuconé & de Cya-
nippe , au chapitre dixiéme ; &
celle de Neæra , d'Hypficreon,
& de Promedon , au chapitre
dix-huitiéme : car outre que
ces aventures font attribuées à
des perfonnes Milefiennes , il
ne paroift point qu'elles ayent
efté prifes de la Fable , ni de
l'Hiftoire ancienne. Peut - eftre
mefme que les amours de Cau-
nus & de Byblis , enfans du
fondateur de Milet , qu'il rapporte au chapitre onziéme, font
une fiction du païs , qui s'eft
renduë celebre , & a efté con-
facrée dans la Mythologie. Ce
que je ne propofe toutefois que
comme une conjecture affez le-
gere. Du refte il ne faut pas
prendre pour des Romanciers,

tous ceux que nous savons par le témoignage des auteurs avoir traité de l'amour dans leurs ouvrages. Il n'y auroit gueres de Philosophes anciens qui n'entrassent dans cette liste. Mais quoy que les uns & les autres enseignent les causes, la nature, les effets, & les remedes de l'amour, ils vont néantmoins à cette fin par des routes si differentes, qu'on ne peut pas les confondre. Les Erotiques mesme des Poëtes anciens, comme ceux de Bacchylide, & de Capiton, peuvent aussi peu tomber sous la définition du Roman que les livres d'amour d'Ovide.

Dans ce dénombrement que je viens de faire, j'ay distingué les Romans reguliers de ceux qui ne le sont pas. J'appelle reguliers, ceux qui sont

dans les regles du Poëme Heroïque. Les Grecs qui ont fi
heureufement perfectionné la
plufpart des fciences & des arts,
qu'on les en a crû les inventeurs, ont auffi cultivé l'art Ro-
manefque ; & de brute & in-
culte qu'il eftoit parmi les O-
rientaux, ils luy ont fait prendre une meilleure forme, en le
refferrant fous les regles de l'E-
popée, & joignant en un corps
parfait les diverfes parties fans
ordre & fans rapport qui compofoient les Romans avant eux.
Veritablement ils ne fe font
pas tous affujettis à ces regles.
Les feuls qui l'ayent fait, font
Antonius Diogenés, Lucien,
Athenagoras, Iamblique, Heliodore, Achillés Tatius, Euftathius & Theodorus Prodromus. Je ne dis rien de Lucius de
Patras, ni de Damafcius, que

je n'ay pas mis au rang des faiseurs de Romans. Pour Saint
Jean Damascene, & Longus, il
leur euft esté aisé de réduire leurs
ouvrages sous ces loix ; mais ils
les ont, ou ignorées, ou mépri-
sées. Je ne sçais comment s'y sont
pris les trois Xenophons, &
ces autres, dont il ne nous est
rien demeuré ; ni mesme Aristide, & ceux qui comme luy
ont écrit des Fables Milesiennes. Je crois toutefois que ces
derniers ont gardé quelques me-
sures, & j'en juge par les ouvrages faits à leur imitation,
que le temps nous a confervez,
comme la Metamorphose d'Appulée, qui est assez régulie-
re.

Ces Fables Milesiennes, bien
long-temps avant que de faire
dans la Grece les progrés que
vous avez veu, avoient déja

paſſé dans l'Italie , & avoient
eſté premierement receuës par
les Sybarites , peuple volu-
ptueux au delà de tout ce qu'on
peut imaginer. Cette conformité d'humeur qu'ils avoient
avec les Mileſiens, eſtablit entre eux une communication reciproque de luxe & de plaiſirs,
& les unit ſi bien , qu'Herodote aſſûre qu'il ne connoiſſoit
point de peuples plus eſtroite-
ment alliez. Auſſi les Mileſiens
firent ils un deüil public , lors
qu'ils apprirent que la ville de
Sybaris avoit eſté ruinée par les
Crotoniates : quoy que les Sybarites ne paruſſent pas ſi ſenſibles au deſaſtre des Mileſiens,
lors que les Perſes ravagérent
leur païs , & s'emparérent de
leur ville. Les Sybarites apprirent donc des Mileſiens l'art des
fictions , & l'on vit des Fables

Sybaritiques en Italie, comme on voyoit des Fables Milesiennes en Asie. Il est mal-aisé de dire quelle en estoit la forme. Hesychius donne à entendre dans un passage assez corrompu, qu'Esope estant en Italie, sesFables y furent fort goustées, qu'on encherit par dessus, en leur faisant prendre un autre tour, qu'on les nomma Sybaritiques, & qu'elles passerent en proverbe : mais il ne dit point en quoy consistoit le changement qu'on y apporta. Suidas a crû qu'elles estoient semblables à celles d'Esope. Il s'est trompé là, comme souvent ailleurs. Le vieux Commentateur d'Aristophane dit que les Sybarites se servoient des bestes dans leurs Fables, & qu'Esope se servoit des hommes dans les siennes. Ce passage est assurément gaîté : car comme on voit que les Fables d'Esope employent des bestes, il s'ensuit que celles des Sybarites employoient des hommes. Aussi en un autre endroit, le dit-il en termes exprès, & ce qui le confirme entierement, c'est qu'Aristophane dans la suite de cette mesme Comedie, faisant faire des Fables Esopiques & Sybaritiques au bonhomme Philocleon, il luy fait employer des animaux dans les premieres, & non dans les autres. Ces Fables Sybaritiques estoient plaisantes & faisoient rire. J'en ay trouvé un échantillon dans Elien : c'est un petit conte qu'il dit avoir pris des Histoires des Sybarites ; c'est-à-dire, selon mon sens, de leurs Fables. Vous en jugerez par l'historiette mesme. Un enfant de Sybaris , conduit par son Pedagogue , rencontra par les ruës un vendeur de figues seches , & luy en déroba une ; le Pedagogue l'ayant repris aigrement , luy arracha la figue & la mangea. Mais ces Fables n'estoient pas seulement facetieuses ; elles estoient aussi fort lascives. Ovide met la Sybaritide , qui avoit esté composée peu de temps avant luy , au nombre des pieces les plus dissoluës. Plusieurs Savans croyent qu'il désigne l'ouvrage d'Hemitheon le Sybarite , dont Lucien parle comme d'un amas de saletez. Cela ne me paroist pas avoir assez de fondement, car on ne voit point que la Sybaritide eust d'autre convenance avec le livre d'Hemitheon, qu'en ce que l'un & l'autre estoient des livres de débauche ; & cela estoit commun à toutes les Fables Sy-

baritiques. Outre que la Sybaritide avoit esté faite peu de
temps avant Ovide : & la ville
de Sybaris , qui estoit la patrie
d'Hemitheon, avoit esté ruinée
de fond en comble par les Crotoniates cinq cens ans avant
luy. Si ce n'est qu'Hemitheon,
ait esté appellé le Sybarite, comme estant de Thurium , qui fut
bastie par les Atheniens auprés
du lieu où avoit esté Sybaris.
Mais il semble qu'on eust deu
plustost l'appeller Thurien, selon le plus commun usage, que
Sybarite. J'en laisse pourtant le
jugement libre au Lecteur. Il
est donc plus croyable que la
Sybaritide avoit esté composée
par quelque Romain débauché;
& ainsi nommée , parce qu'elle avoit esté faite à l'imitation
des anciennes Fables Sybaritiques : de mesme que plusieurs

livres pareils ont porté un femblable titre fous les Empereurs.
Un certain vieux Auteur, que
je crois qu'il vous eſt aſſez indifferent de connoiſtre, fait entendre que leur ſtile eſtoit court
& Laconique. Mais tout cela ne
nous fait point voir que ces Fables euſſent rien de romaneſque.

Ce paſſage d'Ovide monſtre
aſſez que de ſon temps les Romains avoient déja donné entrée chez eux aux Fables des
Sybarites ; & il nous apprend
dans le meſme livre que le celebre Hiſtorien Siſenna leur a-
voit auſſi traduit, quelque temps
auparavant, les Fables Mileſiennes d'Ariſtide. Ce Siſenna
veſcut du temps de Sylla, &
eſtoit comme luy de la grande
& illuſtre famille des Corne-
liens. Il fut Preteur de Sicile &
d'Achaïe. Il écrivit l'Hiſtoire

de fa patrie , & fut préferé à
tous les Hiftoriens de fa nation
qui l'avoient précedé. L'Apologue dont fe fervit Menenius
Agrippa , pour appaifer la fe-
dition du peuple Romain, & le
rappeller du Mont Sacré ; celuy dont le vieillard Antiphon
enveloppe la priere honteufe &
deshonnefte qu'il fait à fon gen-
dre dans le Stichus de Plaute;
& celuy d'Efope , qui eft rapporté par Aulugelle, & qu'En-
nius avoit traduit dans fes Sa-
tires en vers Quarrez,de la mefme cadence que ceux que les
nouveaux Grecs ont appellez
Politiques, font de bonnes preu-
ves du progrés que les fictions
avoient fait dans la Republi-
que Romaine. Auffi apprenons
nous de Seneque,que les anciens
Romains ufoient fouvent de
comparaifons , d'images , & de

paraboles dans leurs discours.

Si elle n'en dédaigna pas l'usage , ni la lecture des Fables des Sybarites , lors qu'elle retenoit encore une discipline austere & des mœurs rigides , il ne faut pas s'étonner si estant tombée sous le pouvoir des Empereurs,& à leur exemple s'étant abandonnée à la molesse & aux voluptez , elle fut sensible à celles que les Romans donnent à l'esprit. Virgile qui vescut un peu aprés la naissance de l'Empire,ne fait point prendre de plus agréable divertissement aux Naïades, filles du fleuve Penée , lorsqu'elles font assemblées sous les eaux de leur pere, que de se raconter les amours des Dieux, qui faisoient les Romans de l'antiquité. Ovide contemporain de Virgile , fait faire des contes romanesques aux filles de Minée, pendant que le travail de leurs mains les occupe, sans leur oster la liberté de la langue & de l'esprit. Le premier est l'amour de Pyrame & de Thisbé, le second est celuy de Mars & de Venus , & le troisiéme est celuy de Salmacis pour Hermaphrodite.

En cela paroist l'estime que Rome avoit alors pour les Romans , mais elle paroist encore mieux par le Roman mesme que composa Petrone , l'un de ses Consuls, & l'homme le plus poli de son temps. Il le fit en forme de Satire, du genre de celles que Varron avoit inventées, en meslant agréablement la prose avec les vers , & le serieux avec l'enjoüé ; & qu'il avoit nommées Menippées, parce que Menippe le Cynique avoit traité avant luy de la mesme

me maniere des matieres gra-
ves d'un stile plaisant & mo-
queur. Cette Satire de Petrone ne laissoit pas d'estre un veritable Roman. Et cela fait voir
que la Satire des Romains avoit
un grand rapport avec les ouvrages romanesques : ce qui luy
estoit commun avec la Poësie
Satyrique des Grecs , qui , selon Platon , estoit composée de
fictions , dont le sens caché é-
toit bien different de la signi-
fication superficielle des paroles. Il ne faut donc pas s'étonner , si Macrobe en distinguant
les Fables qui sont seulement
pour le plaisir , de celles qui
instruisent en delectant , met
dans cette derniere espece les
fictions d'aventures amoureuses , c'est à dire les Romans , &
donne pour exemple celles de
Petrone & d'Appulée ; ne fai

G

fant aucune difference entre les
premieres , qui font conftam-
ment une Satire , & les fecon-
des , qui , felon l'aveu de leur
Auteur , font une Milefiaque.
Celles de Petrone eftoient in-
genieufes & agreables , & fouvent fort fales & deshonneftes,
cachant fous l'efcorce une rail-
lerie fine & piquante contre les
vices de la cour de Neron. Comme ce qui nous en refte ne font
que des fragmens prefque fans
liaifon , ou pluftoft des colle-
ctions de quelque ftudieux , on
ne peut pas difcerner affez net-
tement la forme & le tiffu de
toute la piece. Neantmoins cela paroift bien entendu , & conduit avec ordre, & il y a apparen-
que ces parties détachées compofoient un corps parfait avec
celles qui nous manquent. Quoy
que Petrone paroiffe avoir efté

grand Critique , & d'un gouſt
fort exquis dans les lettres ,
ſon ſtile toutefois ne répond
pas parfaitement à la délicateſ-
ſe de ſon jugement. On y remarque quelque affectation ; il
eſt un peu trop peint & trop
étudié , & il degenere déja de
cette ſimplicité naturelle & ma-
ieſtueuſe de l'heureux ſiecle
d'Auguſte. Tant il eſt vray que
l'art de narrer , que tout le monde pratique , & que tres-peu
de gens entendent, eſt beaucoup
plus aiſé à entendre qu'à bien
pratiquer. Ses penſées meſme ,
quoy-que ſouvent délicates &
nobles , ſont quelquefois froi-
des ; & qui l'examineroit ſans
préoccupation, on ne les trouveroit pas toûjours juſtes. Mais
on ne l'examine gueres de cette ſorte , & on eſt ſi fort pré-
venu en ſa faveur , que tout

en plaift , parce qu'on croit
que tout en doit plaire. Pour
moy, j'ofe dire , avec la per-
miffion de fes admirateurs ,
que s'il avoit efté plus honne-
fte , il auroit efté moins leu &
moins eftimé , & que fon obfcenité a fait dans l'efprit de
plufieurs la meilleure partie de
fon merite.

On dit que le Poëte Lucain,
qui vivoit aufli du temps de
Neron , avoit laiffé des Fables
Saltiques ; c'eft à dire , felon
quelques-uns , des Fables où il
racontoit les amours des Saty-
res & des Nymphes. Cela ref-
femble bien à un Roman ; &
l'efprit de ce fiecle qui eftoit
romancier, confirme mon foupçon. Mais ne pourroit-on point
conjecturer que comme Tertul-
lien a donné à Herodias le nom
de Saltique , c'eft à dire dan-

feuse, ainſi Lucain auroit donné le meſme nom à ſes Fables,
parce qu'elles eſtoient faites
pour eſtre danſées , comme qui
diroit aujourd'huy des recits
de balet ? Que ſavons - nous
meſme , ſi le mot de Saltiques
n'eſt point corrompu , & s'il ne
les faut point appeller des Fables Pſaltiques , c'eſt à dire propres à eſtre chantées , telles que
ſont nos Opera ? Je ne veux
rien aſſurer là deſſus , & il y
auroit de la temerité à le
faire ſur un ſi foible fondement.

La Metamorphoſe d'Appu-
lée , ſi connuë ſous le nom de
l'Aſne d'or , fut faite ſous les
Antonins. Elle eut la meſme
origine que l'Aſne de Lucien ,
ayant eſté tirée des deux premiers livres des Metamorpho-
ſes de Lucius de Patras : avec

G iij

cette difference toutefois, que
ces livres furent abregez par
Lucien, & augmentez par Appulée. L'ouvrage de ce Philofophe eft regulier : car encore
qu'il femble le commencer par
fon enfance,néantmoins ce qu'il
en dit n'eft que par forme de
préface & pour excufer la barbarie de fon ftile. Le veritable
commencement de fon hiftoire eft à fon voyage de Theffa-
lie. Il nous a donné une idée
des Fables Milefiennes par cette piece , qu'il déclare d'abord
eftre de ce genre. Il l'a enri-
chie de beaux épifodes , & en-
tres autres de celuy de Pfyché
que perfonne n'ignore , &
il n'a point retranché les faletez qui eftoient dans les originaux qu'il a fuivis. Son ftile eft
d'un Sophifte , plein d'affectation & de figures violentes ,

dur, barbare, digne d'un A-
fricain.

On tient que l'Empereur Clodius Albinus, l'un des concur-
rens de Severe, ne dédaigna
pas un semblable travail. Jules
Capitolin rapporte dans sa vie,
qu'il paroissoit de certaines Fables Milesiennes sous son nom,
assez estimées, quoy-que me-
diocrement écrites; & que Severe, qui le vainquit & le tua,
reprocha au Senat de l'avoir
loüé comme un savant homme,
quoy-qu'il ne leust que les Fables Milesiennes d'Appulée, &
qu'il fist toute son étude de
contes de vieilles, & de pareil-
les bagatelles, qu'il préferoit
à des occupations serieuses.

Martianus Capella a donné,
comme Petrone, le nom de Satire à son ouvrage, parce qu'il
est écrit comme le sien en vers &

en profe, & que l'utile & l'a-
gréable y font meflez. Ayant eu
deflein de traiter de tous les
Arts qu'on appelle Liberaux, il
a pris pour cela un détour en
les perfonifiant, & feignant que
Mercure, qui les a à fa fuite,
époufe la Philologie, c'eft à
dire l'Amour des belles Lettres,
& luy donne pour prefent de
nopces ce qu'ils ont de plus
beau & de plus précieux. De
forte que c'eft une allegorie
continuelle, qui ne merite pas
proprement le nom de Roman,
mais pluftoft de Fable : car,
comme je l'ay déja remarqué,
la Fable reprefente des chofes
qui n'ont point efté, & n'ont
pû eftre ; & le Roman reprefente des chofes qui ont pû
eftre, mais qui n'ont point efté.
L'artifice de cette allegorie n'eft
pas fort fin. Le ftile eft la bar-

barie mesme ; si hardi & si im-
moderé en ses figures , qu'on
ne les pardonneroit pas au Poëte le plus déterminé ; & cou-
vert d'une obscurité si épaisse
qu'à peine est-il intelligible : savant au reste , & plein d'une
érudition peu commune. On
croit qu'il estoit Africain. S'il
ne l'estoit, il meritoit de l'estre ,
tant sa maniere d'écrire est du-
re & forcée. On ignore le temps
auquel il a vescu : on sçait seulement qu'il estoit plus ancien
que Justinien , & qu'il parvint
à la dignité de Proconsul.

Jusqu'alors l'art des Romans
s'estoit maintenu dans quelque
splendeur ; mais il déclina en-
suite avec les Lettres & avec
l'Empire , lors que ces nations
farouches du Nord portérent
par tout leur ignorance & leur
barbarie. L'on avoit fait aupa-
G v

ravant des Romans pour le plaisir ; on fit alors des Histoires fabuleuses, parce qu'on n'en pouvoit faire de veritables, faute de savoir la verité. Thelesin, que quelques-uns mettent au nombre des Bardes, à cause des Propheties en vers qu'il a composées, & que l'on dit avoir vescu vers le milieu du sixiéme siecle, sous le Roy Artus tant celebré dans les Romans : & Melkin, qui fut un peu plus jeune, écrivirent l'Histoire de la grand'Bretagne leur patrie, du Roy Artus, & de la Table ronde, & la défigurerent de mille fables, comme Balæus le reconnoist dans son Catalogue, où il leur a donné place. Il faut dire la mesme chose d'Hunibaldus Francus, qui fut comme quelques-uns l'ont crû, contemporain de

Clovis, & qui dans la verité a esté beaucoup plus recent, & dont l'Histoire n'est presque autre chose qu'un amas de mensonges grossierement imaginez.

Enfin, Monsieur, nous voicy arrivez à ce livre fameux des faits de Charlemagne, que l'on attribuë à l'Archevesque Turpin, quoy-qu'il luy soit posterieur de plus de deux cens ans. Le Pigna, & quelques autres Auteurs, ont crû ridiculement que les Romans ont pris leur nom de la ville de Rheims, dont il estoit Archevesque : parce que les Celtes autrefois chantoient volontiers les proüesses de leur nation ; & que les Belges, dans le territoire desquels est la ville de Rheims, estant les plus vaillans des Celtes, avoient plus à chanter que les

autres, & qu'ayant par confe-
quent plus de Bardes, c'eft à
dire plus de Chanteurs, les
Romans en avoient tiré leur
nom ; & que le livre de Turpin a efté, à leur avis, la fource où les Romanciers de Provence ont le plus puifé, & que
l'Auteur a efté le Prince de tous
les faifeurs de Romans. Quoy
qu'il en foit, l'on vit plufieurs
autres Hiftoires fuppofées de
la vie de Charlemagne, pleines de fables à perte de veuë,
& femblables à celle qui porte
le nom de Turpin : l'ignorance
profonde de ces fiecles facili-
tant le cours de ces fuppofitions.
Telles eftoient les Hiftoires attribuées à Hancon, & à Solcon Fortemain, à Sivard le Sage, à Jean fils d'un Roy de
Frife, & à Adel Adeling Prince du fang Royal de la mefme

nation, tous cinq Frifons, & qu'on dit auffi avoir vefcu du temps de Charlemagne. Telle eftoit encore l'Hiftoire qui a paru fous le nom de Gildas, Moine du païs de Galles, qui raconte tant de merveilles du Roy Artus, de Perceval, & de Lancelot ; & celle qu'on a attribuée à Occon, qui felon l'opinion commune, fut contemporain de l'Empereur Othon le Grand, & petit neveu de ce Solcon que je viens de nommer ; & celle de Gaufred de Mommouth, où font rapportez les faits d'Artus, & de Merlin, extraits & traduits un peu trop à la bonne foi d'anciens memoires fabuleux qui avoient efté fournis à l'Auteur. Ces Hiftoires faites à plaifir plûrent à des lecteurs fimples, & plus ignorans encore que

ceux qui les compofoient. On
ne s'amufa donc plus à chercher
de bons memoires , & à s'in-
ftruire de la verité , pour écrire l'Hiftoire : on en trouvoit
la matiere dans fa propre tefte
& dans fon invention. Ainfi
les Hiftoriens dégenererent en
des Romanciers. La langue Latine fut méprifée dans ces fiecles barbares , comme la verité l'avoit efté. Les Trouba-
dours. , les Comics , & les Conteurs de Provence , qui compofoient les ouvrages ; les Can-
tadours , les Jongleurs , les Vio-
lars , & les Mufars qui les chantoient ; & enfin ceux de ce païs
qui exerçoient ce qu'on appelle encore aujourd'huy dans
quelques lieux de la France
meridionale , *Le guay faber* , c'eft-
à-dire , *La fcience guaye* , dont
les premiers commencemens a-

voient paru sous Loüis le De-
bonnaire, romaniserent tout de
bon du temps de Hue Capet,
& coururent la France, débi-
tant leurs Romans & Fabliaux;
leurs Tragedies, Comedies, &
Pastorales; leurs Chans, Chansons, & Chantarets; leurs Sons
& Sonnets; leurs Lays, & Vi-
relais; leurs Mots, & Motets
avec les Gloses; leurs Soulas,
Sextines,& Syrventez;leurs Dé-
ports, Motaux, & Tensons;
leurs Balades, Aubades, & Martegalles, que l'on a ridiculement
appellées Martingalles; & d'où
selon ma conjecture, s'est formé le mot de Madrigal; terme dont l'origine a esté jusqu'icy plus inconnuë que celle
du Nil. Et ces Martegalles, &
Madrigaux, ont pris leur nom
des Martegaux, peuples montagnards de Provence: de mes-

me que les Gavots , peuples
montagnards du païs de Gap,
ont donné le nom à cette dance , que nous appellons Ga-
votte. Tous ces ouvrages , &
plusieurs autres estoient composez en langage Romain, qui
estoit celuy que les Romains in-
troduisirent dans les Gaules, qui
s'estant corrompu par le mélange du langage Gaulois , qui l'a-
voit précedé , & du Franc ou
Tudesque, qui l'avoit suivi , n'é-
toit ni Latin , ni Gaulois , ni
Franc, mais mixte , où le Romain pourtant tenoit le dessus,
& qui pour cela s'appelloit Roman , pour le distinguer du
langage particulier de chaque
païs, soit le Franc soit le Cel-
tique , soit l'Aquitanique, soit
le Belgique: car Cesar écrit que
ces trois langues étoient differentes , c'est à dire , selon Stra-

bon , comme les divers dia-
lectes d'une mesme langue. Les
Espagnols appellent , comme
nous , leur langage ordinaire,
Romancé. Le Roman estant donc
la langue la plus polie , & la
plus universelle , les Conteurs
de Provence , c'est à dire les
Auteurs de prose ; & les Poëtes, qu'on appelloit Trouverres,
(terme que les Italiens ont pris
d'eux , car ils appellent les Poëtes *Trovatori* , comme les Grecs
les appellent *Faiseurs* : & en Pro-
vençal *trouver* , signifie faire des
vers ; comme *conter* & *composer*,
signifie écrire en prose ; & *ro-*
manser signifie l'un & l'autre)
les Conteurs, dis-je, & les Trouverres , s'en servirent pour é-
crire leurs Contes & leurs Poëmes , qui de là furent appellez
Romans. Comme au contraire
ce langage Romain fut appel-

lé la langue Provençale ; non
seulement parce qu'il receut
moins d'alteration dans la Provence, que dans les autres can-
tons de la France, mais encore parce que les Provençaux
s'en servoient ordinairement
dans leurs compositions ; ou
mesme, parce que la Provence
estant toûjours regardée comme la Province des Romains,
on ne faisoit point de distinction entre le langage Proven-
çal & le Romain. Les Trouba-
dours accompagnez de leurs
meneftriers, & quelquefois de
leurs femmes, qui fe mef-
loient de leur meftier, alloient
ainsi par le monde, estant bien
payez de leurs peines, & bien
traitez des Seigneurs qu'ils vi-
fitoient ; dont quelques-uns é-
toient si ravis du plaisir de les
entendre, qu'ils se dépoüilloient

souvent de leurs robes pour les en revestir. Presque toutes les Provinces de France eurent leurs Romanciers, comme la Provence, jusqu'à la Picardie, qui se plût singulierement aux Syrventez, poësies satyriques, & quelquefois amoureuses, d'où je soupçonne que s'est formé le nom de cette dance, que nous appellons Sarabande. Il faut remarquer pour l'honneur des Troubadours, qu'Homere l'a esté avant eux, & qu'il alloit reciter ses vers de ville en ville. D'autres Poëtes illustres de la Grece l'ont imité en cela, comme en tout le reste ; faisant par vanité ce qu'il avoit fait par pauvreté ; & peut-estre en avoit-il imité d'autres plus anciens que luy. Ces beaux vers qu'il fait chanter à Phemius & à Demodocus, dans les cours de Penelope & d'Alcinoüs, & ceux que Virgile fait chanter à Iopas dans la cour de Didon, font voir l'antiquité du Guay favoir. Simonides, qui vint a-prés Homere, faifoit le meftier de Trouverre & de Chanterre chez Scopas, l'un des Seigneurs de Theflalie, quand Caftor & Pollux le vinrent tirer du dan-ger qui le menaçoit. Arion le fit chez les Princes d'Italie, & s'y enrichit. L'aventure qui luy arriva, comme il retournoit en Grece, eft affez approchante de celle qui eft rapportée par Jean de Noftredame, dans la vie de Pierre de Chafteauneuf, gentilhomme romancier de Pro-vence. De ces anciens Trouba-dours Grecs, les uns ne chan-toient que des vers d'Homere leur Prince : & ceux-là s'appel-loient Homeriftes & Rhapfo-

dez ; les autres estoient veritablement Auteurs de leurs Chansons , qui estant guayes & re-
joüissantes , leur ont fait donner le nom d'Hilarodes , c'est-
à-dire , Diseurs de Chansons
agreables, & exerçants la science guaye. On les plaçoit au milieu des conviez : & dans le
festin des Pheaciens, Ulysse envoya par honneur un plat de
la table à l'Hilarode Demodocus , disant que les Chantres
meritent d'estre honorez par
tout ; & ce fut cette mesme
qualité de Chantre qu'il res-
pecta dans Phemius , lors que
faisant main-basse sur les A-
mans de Penelope , il luy donna la vie. Nos vieux Gaulois
mesme avoient leurs Trouverres , & les traittoient magnifi-
quement : & nous apprenons
de Posidonius cité par Athe-

née , que Luerne Prince des
Auvergnats , pere de Bitit qui
fit la guerre aux Romains, te-
nant cour pleniere & table ou-
verte, fit prefent d'un fac plein
d'or à un Poëte eftranger, qui
eftoit venu honorer fa fefte, &
égayer fon feftin. De ce grand
nombre de Romanciers que
l'on vit en France fur le commencement de la troifiéme race de nos Rois , nous font venus tant & tant de vieux Romans , dont une partie eft imprimée , une autre pourrit dans
les Bibliotheques , & le refte a
efté confumé par la longueur
des années. Et c'eft de nous
que l'Italie , & l'Efpagne, qui a
efté fi fertile en Romans, tient
l'art de les compofer. *Mi par di
poter dire , che quefta forte di Poë-
fia* (ce font les paroles de Giraldi , parlant des Romans)

habbia havuta la prima origine &
il primo principio da Francesi, da
i quali ha forse anco havuto il no-
me. Da Francesi poi è passata que-
sta maniera di poëteggiare à gli
Spagnuoli, & ultimamente e stata
accettata da gli Italiani. Voilà
le témoignage d'un Italien
contre sa propre nation,
qui ne peut estre suspect,
& qui ferme la bouche à ceux
qui voudroient disputer à la
France, en faveur de l'Italie
ou de l'Espagne, la gloire de
cette invention. Cavalcanti,
Bembe, Equicola, Speroni,
Dolce, & une infinité d'autres
Italiens, ne sont pas de moins
bonne foy sur l'origine de leur
Poësie en général, que Giraldi
l'est sur celle de leur Poësie romanesque, & ils la recon-
noissent beaucoup plus moderne que la Provençale, &

riche de ſes dépoüilles. Ils rapportent meſme à la Provence
une partie des richeſſes de leur
langue ; & cette opinion les a
ſi bien prévenus, qu'ils croyent
auſſi luy devoir pluſieurs de
leurs mots, qu'ils ont pris im-
mediatement du Latin : ſe con-
ſolant ſur une autre fauſſe
penſée dont ils ſe flattent, que
les Provençaux ont receu ces
mots des Toſcans, quoy qu'ils
ſoient venus aux uns & aux
autres d'une ſource commune.

Feu Monſieur de Saumaiſe,
dont la memoire m'eſt en ſin-
guliere vénération, & pour ſa
grande érudition , & pour l'a-
mitié qui a eſté entre nous, a
crû que l'Eſpagne , aprés avoir
appris des Arabes l'art de romaniſer , l'avoit enſeigné par
ſon exemple à tout le reſte de
l'Europe,

l'Europe. Pour souftenir cette opinion, il faut dire que Thelefin & Melkin, l'un & l'autre de la Grand'Bretagne, & Hunibaldus Francus, lefquels on dit avoir compofé tous trois leurs Hiftoires romanefques vers l'an cinq cens cinquante, font plus recens du moins de prés de deux cens ans que l'on ne s'imagine : car la révolte du Comte Julien, & l'entrée des Arabes en Efpagne, n'arriva que l'an quatre-vingt onziéme de l'Hegire, c'eft-à dire, l'an fept cens douze de noftre Seigneur; & il fallut quelque temps pour donner cours en Efpagne aux Romans des Arabes, & dans le refte de l'Europe à ceux que l'on prétend que les Efpagnols firent à leur imitation. Je ne voudrois pas défendre l'antiqui- té de ces Auteurs, quoy - que

H

j'euffe quelque droit de le faire , puis que l'opinion commune & receuë feroit pour moy.
Il eft vray que les Arabes é-
toient fort adonnez à la Science guaye , comme je vous
l'ay fait voir , je veux dire à la
poëfie , aux fables , & aux fictions. Cette fcience eftant de-
meurée dans fa groffiereté parmi eux , fans avoir receu la cul-
ture des Grecs , ils la porterent
dans l'Afrique avec leurs armes,
lors qu'ils la fubjuguerent. Elle eftoit toutefois déja parmi
les Africains : car Ariftote , &
aprés luy Cornutus & Prifcien,
font mention des Fables Liby-
ques ; & l'on en trouve dans
les Fragmens du Poëte Efchyle,
& dans l'ancien Interprete d'A-
riftophane , qui font femblables
aux Fables d'Efope. Outre que
leur ftile plein de rimes & de

confonances , & les Romans
d'Appulée & de Martianus Capella Africains , dont je vous
ay parlé , montrent quel eſtoit
l'eſprit de ces peuples. Il n'é-
toit pas meſme juſqu'aux Tro-
glodytes , & il n'eſt pas encore
aujourd'huy juſqu'aux Negres,
qui n'ayent leurs Fables. Cela
fortifia les Arabes victorieux
dans leur inclination. Auſſi apprenons-nous de Leon d'A-
frique & de Marmol , que les
Arabes Africains aiment encore la poëſie romaneſque avec
paſſion; qu'ils chantent en vers
& en proſe les exploits de leur
Buhalul , comme on a celebré
parmi nous ceux de Renaud &
de Roland; que leurs Morabi-
tes font des chanſons d'amour;
que dans Fez , au jour de la
naiſſance de Mahomet, les Poëtes font des aſſemblées & des

Hij

jeux publics, & recitent leurs vers devant le peuple, au jugement duquel celuy qui a le mieux réüssi, est créé Prince des Poëtes pour cette année; que les Rois de la maison des Benimerinis, qui regnoient il y a trois cens ans, & que nos vieux Ecrivains appellent de Bellemarine, assembloient tous les ans à un certain jour les plus savans de la ville de Fez, & leur faisoient un splendide festin, aprés quoy les Poëtes recitoient des vers à l'honneur de Mahomet; que le Roy donnoit au plus habile une somme d'argent, un cheval, un esclave, & ses propres habits, dont il estoit vestu ce jour-là, & qu'aucun des autres ne s'en retournoit sans recompense. Ils suivoient en cela l'exemple de leur Legislateur Mahomet, qui

paya du manteau qu'il por-
toit les vers que le Poëte Caab
avoit faits à la loüange d'une
de ses maistresses. L'Espagne
ayant enfin receu le joug
des Arabes, elle receut aussi
leurs mœurs, & prit d'eux la
coustume de chanter des vers
d'amour, & de célébrer les
actions des grands hommes, à
la maniere des Bardes parmi les
Gaulois : quoy que longtemps
auparavant ce fust une coustume establie chez les Espagnols,
selon le témoignage de Salluste, que lors que les jeunes
gens alloient à la guerre, ils
s'instruisissent des beaux faits
de leurs majeurs par le recit de
leurs meres. Les chants, qu'ils
nommoient *Romancés*, estoient
bien differens de ce qu'on appelle Romans. C'estoient des Poësies

faites pour eſtre chantées, &
par conſequent fort courtes.
On en a ramaſſé pluſieurs, entre leſquelles il s'en trouve de
ſi anciennes, qu'à peine peu-
vent-elles eſtre entenduës : &
elles ont quelquefois ſervi à é-
claircir l'Hiſtoire d'Eſpagne, &
à remettre les évenemens dans
l'ordre de la Chronologie. Leurs
Romans ſont beaucoup plus
nouveaux, & les plus vieux
ſont venus quelques centaines
d'années aprés nos Triſtans &
nos Lancelots. Miguel de Cer-
vantes, l'un des plus beaux eſ-
prits que l'Eſpagne ait produits,
en a fait une fine & judicieuſe
Critique dans ſon Dom Quixo-
te, qu'il feint d'avoir traduit
de l'Arabe de Cid Achmed ben
Engeli, faiſant voir par là ſon
erreur touchant l'origine de la
Romancerie Eſpagnole. A pei-

ne le Curé du village de son
Heros, & maistre Nicolas le
Barbier, en trouvent-ils dans
ce grand nombre six qui meritent d'estre conservez. Le reste est *livré au bras seculier de la
servante*, pour estre mis au feu.
Ceux qu'ils jugent dignes d'ê-
tre gardez, sont les quatre livres d'Amadis de Gaule, qu'ils
disent estre le premier Roman
de chevalerie qu'on ait impri-
mé en Espagne, le modele &
le meilleur de tous les autres;
Palmerin d'Angleterre, que l'on
croit avoir esté composé par un
Roy de Portugal, & qu'ils trouvent digne d'estre mis dans un
coffret semblable à celuy de Darius, où Alexandre enferma les
œuvres d'Homere; Dom Belia-
nis; le Miroir de Chevalerie;
Tirante le Blanc; & Kyrie eleï-
son de Montauban: car au bon

H iiij

vieux temps ou croyoit que Kyrie eleïfon , & Deuteronome ,
& Paralipomenon , eſtoient les
noms de quelques Saints. Mais
tout cela eſt recent en comparaiſon de nos vieux Romans,
qui vray-ſemblablement en furent les modeles , comme la
conformité des ouvrages, & le
voiſinage des nations le perſuadent. Il fait auſſi la cenſure des
Romans en vers, & des autres
Poëſies qui ſe trouverent dans
la Bibliotheque de Dom Qui-
xote : mais cela eſt hors de
noſtre ſujet.

Si l'on m'objecte , que comme nous avons pris des Arabes
l'art de rimer , il eſt croyable
auſſi que nous avons pris d'eux
l'art de romaniſer , puis que la
pluſpart de nos vieux Romans
eſtoient en rime , & que la couſtume qu'avoient les Seigneurs

François de donner leurs habits aux meilleurs Trouverres , & que Marmol dit avoir esté pratiquée par les Rois de Fez , donne encore lieu à ce soupçon: j'avouëray qu'il n'est pas impossible que les François , en prenant la rime des Arabes , ayent pris d'eux aussi l'usage de l'appliquer aux Romans. J'avouëray mesme que l'amour que nous avions déja pour les Fables , a pû s'augmenter par leur exemple , & que nostre art romanesque s'enrichit peut-estre par le commerce que le voisinage de l'Espagne & les guerres nous donnerent avec eux ; mais non pas que nous leur devions cette inclination , puis qu'elle nous possedoit long-temps avant qu'elle se soit fait remarquer en Espagne. Je ne puis croire non plus que nos

H v

Princes ayent pris des Rois A-
rabes la couftume de fe dépouïl-
ler en faveur des Trouverres.
Cette forte de liberalité a efté
pratiquée par tant d'autres nations , que nous pouvons la tenir de toute autre que des A-
rabes. Je ne parle point des
prefens d'habits , dont l'Hiftoire facrée & profane nous fournit divers exemples , & qui font
encore en ufage parmi les Perfes, les Turcs, & les Indiens d'aujourd'huy. Mais j'allegueray des
exemples qui touchent de plus
prés à noftre fujet , comme celuy de Samfon , qui promet &
donne des robes aux Philiftins
qui avoient expliqué fon enig-
me; & celuy de Piftheterus dans
les Oifeaux d'Ariftophane , qui
confeille à un autre de fe dé-
poüiller jufqu'à la tunique, pour
en gratifier un Poëte, qui eftoit

venu chanter les loüanges de la
nouvelle ville de Nephelococ-
cygie ; & enfin celuy d'Helio-
gabale , qui recompensoit de
robbes de soye la vertu de ceux
qui avoient trouvé quelque
nouvelle sausse ; à l'imitation de
Xerxés , qui proposoit de semblables prix aux inventeurs de
nouveaux plaisirs. L'on sçait
aussi par le témoignage de Petrone & de Martial , que la
retribution ordinaire des Poëtes de Rome, estoient des robbes neuves. Cette coustume
peut donc estre venuë aux Seigneurs François d'ailleurs que
de l'Afrique, ou de l'Arabie. Il
peut bien aussi estre arrivé, que
les uns & les autres suivoient
plustost en cela leur inclination,
que l'exemple d'autruy ; & qu'-
estant touchez de l'excellence
des ouvrages qu'ils entendoient

reciter, ils cherchoient à fatisfaire fur l'heure leur liberalité ; & que ne trouvant rien de
plus prefent que leurs habits,
ils s'en fervoient au befoin ,
comme nous lifons que quelques Saints, & que ce vaillant
fils de Miltiade , Cimon Athe-
nien , & , fi nous en croyons les
Arabes, que quelques Califes
s'en font fervis envers les pau-
vres ; & que ce qui arrivoit fouvent en France par hazard, fe
faifoit tous les ans à Fez par
une couftume , qui vray-fem-
blablement y fut auffi introdui-
te par le hazard.

Il eft affez croyable que
l'exemple des Provençaux pic-
qua d'émulation les Italiens, &
leur fit naiftre l'envie de compofer des Romans , lors que
les Papes tinrent leur fiege à
Avignon. L'exemple des autres

François n'y contribua pas moins, lors que les Normans, & en suite Charles Comte d'Anjou, frere de Saint Loüis, prince vertueux, amateur de la Poësie, & Poëte luy-mesme, firent la guerre en Italie. Car nos Normans se mesloient aussi de la Science guaye ; & l'Histoire rapporte qu'ils chantérent les belles actions de Roland, avant cette memorable bataille, qui acquit la couronne d'Angleterre à Guillaume le Bastard. Peut-estre avoient-ils pris cette coustume des François, comme le bon-homme Fauchet l'assure, & comme il y a sujet de le croire sur la parole des Anciens, qui nous apprennent qu'elle se pratiquoit dans les Gaules par les Bardes, avant l'invasion des Romains ; & que les Espagnols mesme ne

s'en éloignoient pas. Car chez
eux les meres, comme je l'ay dit
aprés Salluste, en voyant leurs enfans contre l'ennemi, leur con-
toient les faits de leurs peres ;
à quoy revient assez ce que nous
lisons dans Homere, qu'Achil-
le chantoit sur sa lyre les exploits des grands hommes des
siecles passez. Peut-eftre aussi
les Normans imitoient-ils en
cela ces peuples Germaniques
du Nord, d'où ils tiroient leur
origine. Car les Allemans, au
rapport de Tacite, chantoient
les proüesses d'Hercule en allant
au combat : c'est-à-dire les
proüesses du Prince des Paladins : car on sçait que la profession d'Hercule estoit de cou-
rir le monde, pour reparer les
torts, & déconfire les Tyrans.
Ils ont mesme gravé sur leurs
rochers des marques iluftres de

la valeur de leurs peres , que
le temps n'a pas encore effacées;
& ils en ont de plus conservé
la memoire dans leurs vers &
leurs chansons, qui se sont mieux
défenduës de la longueur des
années que leurs rochers mesme. Les Goths s'animoient aussi
au combat par le recit des exploits de leurs majeurs. Dans le
temps que la Romancerie fleurissoit en Provence, toute l'Europe estoit couverte des ténébres d'une épaisse ignorance ;
mais la France , l'Angleterre ,
& l'Allemagne moins que l'Italie , qui bien qu'animée par
l'exemple de ses voisins, ne produisit alors qu'un petit nombre
d'écrivains , & presque point
de faiseurs de Romans. Ceux
de ce païs qui vouloient se faire distinguer par quelque tein-
ture de savoir, la venoient pren-

dre dans l'Univerſité de Paris,
qui eſtoit la mere des ſciences,
& la nourrice des ſavans de
l'Europe. S. Thomas, S Bona-
venture, le Poëte Dante, &
Bocace, y vinrent eſtudier; &
Fauchet montre que le dernier
a pris la pluſpart de ſes Nouvelles, des Romans François;
& que Petrarque, & les autres
Poëtes Italiens, avoient pillé
les plus beaux endroits des
chanſons de Thibaud Roy de
Navarre, de Gaces Bruſſez, du
Chaſtelain de Couci, & des
vieux Romanciers François.
Jean de Noſtredame marque
pluſieurs Poëtes Provençaux
que Petrarque a imitez ; & il
met dans ſon Recueïl pluſieurs
Poëtes Italiens, qui ont préferé la langue & la Poëſie Provençale à celle de leur païs: ſans
doute, parce qu'ils la trouvoient

plus riche, plus cultivée, &
plus susceptible des ornemens
de l'esprit, que l'Italienne, qui
estoit encore informe & steri-
le, & n'avoit pas pris le pli de
la Poësie. Ce fut donc, selon
mon avis, dans ce mélange des
deux nations, que les Italiens
apprirent des François la science des Romans, qu'ils recon-
noissoient leur devoir, aussi
bien que la science des rimes, comme je l'ay déja remarqué.

Ainsi l'Espagne & l'Italie receurent de nous un art, qui
estoit le fruit de nostre ignorance & de nostre grossiereté,
& qui avoit esté le fruit de la
politesse des Perses, des Ioniens,
& des Grecs. En effet, comme dans la necessité, pour conserver nostre vie nous nourrissons nos corps d'herbes & de

racines , lors que le pain nous manque ; de mesme lors que la connoissance de la verité, qui est la nourriture propre & naturelle de nostre esprit , vient à nous manquer , nous le nourrissons du mensonge , qui est l'image de la verité. Et comme dans l'abondance , pour satisfaire nostre plaisir , nous quittons souvent le pain & les viandes ordinaires , & nous cherchons des ragouts : de mesme, lors que nos esprits connoissent la verité , ils en quittent souvent l'étude & la speculation , pour se divertir dans l'image de la verité, qui est le mensonge : car l'image & l'imitation , selon Aristote , & selon nostre experience , sont souvent plus agréables que la verité mesme. De sorte que deux chemins tout-à-fait op-

posez, qui sont l'ignorance &
l'érudition, la rudesse & la politesse, menent souvent les hommes à une mesme fin, qui est
l'étude des fictions. De là vient
que les nations les plus barbares aiment les inventions romanesques, comme les aiment
les plus polies. Toute l'Ameri-
que en fait ses délices. Nos Hu-
rons & nos Hiroquois ne parlent que par symboles & par
images. Dans leurs jours de ré-
joüissance ils font succeder les
contes aux festins, c'est-à-dire
la pasture de l'esprit à celle du
corps. Le plus ancien, ou le
plus bel esprit de la troupe se
charge de l'invention & du recit. Les Castors, les Orignacs,
les Renards, & les autres animaux entrent dans la composition de la fable. On leur donne une audience fort attentive,

interrompuë feulement par les
ris & les applaudiffemens de
l'affiftance. Le jour & la nuit
s'y paffent fans ennuy , ni de
la part de celuy qui parle , ni
de la part de ceux qui écou-
tent. Les peuples de la Flori-
de , de Cumana , du Perou ,
& des Ifles Marianes s'excitent
au travail & aux combats, par
les chanfons , les harangues, &
les narrations fabuleufes des
beaux faits de leurs prédecef-
feurs. Tout ce que ces Barbares racontent de leur origine eft
plein de fictions. Les Peruviens
l'emportent en cela fur tous les
autres. Ils ont leurs Poëtes ,
qu'ils appellent d'un nom de
mefme fignification que celuy
de Trouverres. Ceux de Ma-
dagafcar ont auffi les leurs ,
qui vont débiter leurs compo-
fitions par les maifons. La Gui-

née a ſes Conteurs comme le
Canada. Les anciens habitans
de Danemarc, de Suede, & de
Norvege, ſe ſont fait des ori-
gines du moins auſſi fabuleuſes
que celles des Grecs. Ils écrivoient leurs Hiſtoires faites à
plaiſir en leurs vieux caracteres Runiques, ſur de grandes
pierres, dont j'ay veu quelques
reſtes en Danemarc. Le diver-
tiſſement le plus ordinaire de
leurs feſtins, eſtoit de chanter
en vers rimez les beaux faits de
leurs anciens Geans. Ce recit
tiroit les larmes des yeux des
conviez; & la bonne chere faiſant avec cela ſon effet, les
pleurs ſe changeoient en cris
& en hurlemens, & tous enfin
tomboient ſous la table en con-
fuſion. Les Rois de Danemarc
avoient toûjours des Scaldres
dans leur cour, c'eſt-à-dire des

Poëtes & des Poëtesses , dont
l'unique occupation estoit de
faire des vers sur tout ce qui arrivoit de memorable. Ces vers,
quoy que rimez &embellis de fi-
ctions&d'allegories,étoient faits
sur le champ, & sans prémédita-
tion. Ils estoient aussi-tost appris & chantez par le peuple,
& en se repandant dans le monde, ils portoient dans les contrées éloignées la gloire desRois,
de la nation , & des Poëtes
qui en estoient les Auteurs. Les
colonies de Norvege qui peu-
plerent l'Islande , y porterent
leur esprit & leurs fables. Les
plus ingenieux de ces Insulaires
s'appliquerent à en forger de
nouvelles. Ceux qui sont venus
depuis , les ont recüeillies , &
en ont fait des volumes. Ils ont
donné les noms d'Edda & de
Volufpa à ces repertoires de fi-

ctions, qui subsistent depuis prés de six cens ans. Les Danois disent mesme qu'il y a eu une Edda plus ancienne, dont celles de Semond & de Snorron qu'ils ont aujourd'huy, ne sont que des abregez, & dont Saxon le Grammairien a tiré tout ce qu'il a de plus fabuleux. S'il nous estoit demeuré quelque chose de ces ouvrages que composoient les Bardes parmi les anciens Gaulois, pour éterniser la memoire de leur nation, sans toutefois les écrire, nous ne les trouverions pas sans doute plus religieux observateurs de la verité dans leurs Histoires, que dans leur Theologie ; laquelle, si l'on en croit le Mythologue Phurnutus, ils avoient toute enveloppée de Fables, comme leur Philosophie d'énigmes.

Cette inclination aux fables, qui eſt commune à tous les hommes, ne leur vient pas par raiſonnement, par imitation, ou par couſtume : elle leur eſt naturelle, & a ſon amorce dans la diſpoſition meſme de leur eſprit & de leur ame ; car le deſir d'apprendre & de ſavoir eſt particulier à l'homme, & ne le diſtingue pas moins des autres animaux, que ſa raiſon. On trouve meſme en quelques animaux des étincelles d'une raiſon imparfaite & ébauchée; mais l'envie de connoiſtre, je veux dire, de porter ſes connoiſſances au delà des objets preſens, ne ſe remarque que dans l'homme. Cela vient, ſelon mon ſens, de ce que les facultez de noſtre ame eſtant d'une trop grande étenduë, & d'une capacité trop vaſte pour eſtre remplies par les

objets

objets prefents , l'ame cherche dans le paffé & dans l'avenir, dans la verité & dans le menfonge , dans les efpaces imaginaires , & dans l'impoffible mefme , de quoy les occuper & les exercer. Les beftes trouvent dans les objets qui fe prefentent à leurs fens de quoy remplir les puiffances de leur ame, & ne vont gueres au de là : de forte que l'on ne voit point en elles cette avidité inquiete , qui agite inceffamment l'efprit de l'homme , & le porte à la recherche de nouvelles connoiffances , pour proportionner , s'il fe peut. l'objet à la puiffance, & y trouver un plaifir femblable à celuy qu'on trouve à appaifer une faim violente , ou à fe defalterer aprés une longue foif. C'eft ce que Platon a voulu exprimer par la fable du ma-

I

riage de Porus & de Penie, c'eſt-à-dire, des Richeſſes & de la Pauvreté, d'où il dit que naſquit l'Amour. L'Objet eſt marqué par les Richeſſes, qui ne ſont richeſſes que dans l'uſage, & autrement demeurent infructueuſes, & ne ſont point naiſtre l'amour. La puiſſance eſt exprimée par la Pauvreté, qui eſt ſterile, & toûjours accompagnée d'inquietude, tant qu'elle eſt ſéparée des Richeſſes : mais quand elle s'y joint, l'Amour naiſt de cette union. Cela ſe rencontre juſtement dans noſtre ame. La Pauvreté, c'eſt-à-dire l'ignorance, luy eſt naturelle, & elle ſoupire inceſſamment aprés la ſcience qui eſt ſa richeſſe : & quand elle la poſſede, cette joüiſſance produit l'Amour, qui retient les qualitez du pere & de la mere dont il

eſt ſorti. Il tient de ſon pere
cette diſpoſition à concevoir
une varieté admirable de choſes, dont il taſche de remplir
le vuide de ſon ignorance. Il
tient de ſa mere cette facilité à
oublier ce qu'il a appris avec
peine, & ce mélange d'incer-
titude & de tenebres qui ob-
ſcurcit toutes ſes lumieres. Ainſi, dit Platon, il n'eſt, à proprement parler, ni riche ni pau-
vre, ni docte ni ignorant. Et
de cette nature metoyenne &
ambiguë, vient le deſir qu'il a
de s'enrichir de la ſcience, duquel les Dieux ſont exempts,
parce qu'ils la poſſedent; & les
hommes ſtupides, parce qu'ils
ne ne la connoiſſent pas; & qui
ne ſe trouve que dans les ames
nobles, grandes, & élevées.
Or l'inquietude & l'agitation
que luy donne ce deſir, eſt ré-

compenfée par le plaifir qui le
fuit , quand on peut le fatisfaire. Mais ce plaifir n'eft pas toûjours égal : il nous coufte quelquefois du travail & des peines;
comme quand nous nous appli-
quons aux fpeculations diffici-
les , & à l'étude des fciences
cachées , dont la matiere n'eft
pas prefente à nos fens ; & où
l'imagination , qui agit avec facilité , à moins de part que l'entendement , dont les operations
font plus laborieufes. Et parce
que naturellement le travail
nous rebute, l'ame ne fe porte à ces connoiffances épineu-
fes que dans la veuë du fruit,
ou dans l'efperance d'un plaifir éloigné , ou par neceffité.
Mais les connoiffances qui l'at-
tirent & la flattent davantage,
font celles qu'elle acquiert fans
peine , & où l'imagination agit

presque seule , & sur des matieres semblables à celles qui
tombent d'ordinaire sous nos
sens ; particulierement si ces
connoissances excitent nos
passions , qui sont les grands
mobiles de tous les desirs, de
toutes les actions , & de tous
les plaisirs de nostre vie. C'est
ce que font les Romans : il ne
faut point de contention d'esprit pour les comprendre ; il n'y
a point de grands raisonnemens
à faire ; il ne faut point se fa-
tiguer la memoire ; il ne faut
qu'imaginer. Ils n'émeuvent nos
passions, que pour les appaiser; ils
n'excitent nostre crainte, ou nostre compassion , que pour nous
faire voir hors du peril, ou de la
misere, ceux pour qui nous crai-
gnons, ou que nous plaignons; ils
ne touchent nostre tendresse ,
que pour nous faire voir heureux

ceux que nous aimons ; ils ne
nous donnent de la haine, que
pour nous faire voir miſerables
ceux que nous haïſſons ; enfin
toutes nos paſſions s'y trouvent
agréablement excitées & cal-
mées. C'eſt pourquoy ceux qui
agiſſent plus par paſſion que
par raiſon, & qui travaillent
plus de l'imagination que de
l'entendement, y ſont les plus
ſenſibles ; quoy que les derniers le ſoient auſſi, mais d'une
autre forte. Ils ſont touchez des
beautez de l'art, & de ce qui
part de l'entendement ; mais les
premiers, tels que ſont les enfans & les ſimples, le ſont ſeulement de ce qui frappe leur
imagination & agite leurs paſſions, & ils aiment les fictions
en elles-meſmes, ſans aller plus
loin. Or les fictions n'eſtant que
des narrations vrayes en appa-

rence, & fausses en effet, les esprits des simples, qui ne voyent que l'écorce, se contentent de cette apparence de verité, & ils s'y plaisent : mais ceux qui penetrent plus avant, & vont au solide, se dégoustent aisément de cette fausseté. De sorte que les premiers aiment la fausseté, à cause de la verité apparente qui la cache ; & les derniers se rebutent de cette image de verité, à cause de la fausseté effective qu'elle cache ; si cette fausseté n'est d'ailleurs ingenieuse, mysterieuse, & instructive, & ne se soustient par l'excellence de l'invention & de l'art. Et S. Augustin dit en quelque endroit, que ces faussetez, qui sont significatives, & enveloppent un sens caché, ne sont pas des mensonges, mais des figures de la verité ; dont les

plus fages & les plus faints perfonnages fe font fervis. Ou fi
l'on veut appeller menfonge,
tout ce qui n'eft pas conforme
à la verité , il faudra avoir re-
cours à la diftinction du Philofophe Sextus Empiricus, qui dit
qu'il y a une grande difference entre mentir , & dire un
menfonge ; & que le fage peut
dire un menfonge, c'eft-à-dire,
propofer une fiction pour efta-
blir la verité ; mais qu'il ne peut
pas mentir , c'eft-à-dire , propofer une fiction pour détruire
la verité. Les fictions en racour-
ci , je veux dire les paraboles,
les comparaifons, & mefme les
metaphores , ont auffi leur agrément, parce qu'elles nous prefentent en mefme temps deux i-
mages; & comme l'invention vi-
ve & prompte , & facile de ces i-
mages eft, felon Ariftote, la mar-

que d'un bon esprit, c'en est aussi
une marque, que de les savoir
gouster.

Puis qu'il est donc vray que
l'ignorance & la grossiereté sont
les grandes sources du mensonge ; & que ce débordement
de Barbares qui sortirent du
Septentrion, inonda toute l'Europe, & la plongea dans de si
profondes ténébres, qu'elle n'en
est sortie que depuis environ
deux siecles : n'est-il pas bien
vray-semblable que cette ignorance produisit dans l'Europe
le mesme effet qu'elle a toûjours produit par tout ailleurs?
Et n'est-ce pas en vain que l'on
cherche dans le hazard, ce que
nous trouvons dans la nature?
Il n'y a donc pas lieu de con-
tester, que les Romans François, Allemans & Anglois, &
toutes les fables du Nord sont

I v

du cru du païs , nées fur les
lieux , & n'y ont point efté apportées d'ailleurs ; qu'elles n'ont
point d'autre origine que les
hiftoires remplies de fauffetez,
qui furent faites dans des temps
obfcurs , pleins d'ignorance ,
où l'induftrie & la curiofité man-
quoient pour découvrir la verité des chofes , & l'art pour
les écrire ; que ces hiftoires
meflées du vray & du faux,
ayant efté bien receuës par des
peuples demy-barbares, les Hiftoriens eurent la hardieffe d'en
faire de purement fuppofées ,
qui font les Romans. C'eft
mefme une opinion receuë ,
que le nom de Roman fe donnoit autrefois aux Hiftoires,
& qu'il s'appliqua depuis aux
fictions : ce qui eft un témoignage invincible que les
unes font venuës des autres:

Romanzi, dit le Pigna, *secondo la commune opinione in Francese detti erano gli annali : & percio le guerre, di parte in parte notate, sotto questo nome uscivano. Poscia alcuni dalla verita partendosi, quantunque favoleggiassero, cosi apunto chiamarono li scritti loro.* Strabon dans un passage que j'ay déja allégué, dit que les histoires des Perses, des Medes, & des Syriens, n'ont pas merité beaucoup de creance ; parce que ceux qui les ont écrites, voyant que les conteurs de fables estoient en réputation, crurent s'y mettre aussi en écrivant en forme d'histoires ce qu'ils n'avoient jamais ni veu, ni entendu, ni appris de ceux qui savoient la verité, & en cherchant seulement à plaire, & non à instruire. Ils esperoient, comme l'a fort bien remarqué

I vj

Herodien dans la Preface de son Hiſtoire, que le lecteur ne ſe plaindroit pas de leur impoſture, quand il ſe trouveroit dédommagé de la perte de la verité par l'agrément de la fiction & du recit. Il eſt arrivé quelque choſe d'approchant parmi nous, quoy que d'une maniere oppoſée. Les fables ont donné la naiſſance aux hiſtoires fabuleuſes, chez ces peuples du Levant : les hiſtoires fabuleuſes ont donné la naiſſance aux fables & aux Romans chez nous, & chez tous ces autres peuples du Nord.

Mais pour revenir aux Trouverres de Provence, qui furent en France les princes de la Romancerie dés la fin du dixiéme ſiecle, leur meſtier plut à tant de gens, que toutes les provinces de France eurent auſſi leurs

Trouverres. Elles produisirent
dans l'onziéme siecle , & dans
les suivans, une multitude nom-
pareille de Romans en prose &
en vers , dont plusieurs , malgré
l'envie du temps, se sont conservez jusqu'à nous. De ce nombre
estoient les Romans de Garin le
Loheran , de Tristan , de Lancelot du Lac , d'André de France qui mourut par trop aimer
celle qu'il n'avoit jamais veuë ,
de Bertain , du Saint Greal , de
Merlin , d'Artus , de Perceval ,
de Perceforest , & de la pluspart
de ces cent vingt sept Poëtes ,
qui ont vescu avant l'an mil
trois cens , dont le Président
Fauchet a fait la censure, & de
ceux de Provence,dont Jean de
Nostredame a écrit les vies. Je
n'entreprendray pas de vous en
faire la liste , ni d'examiner si le
livre des Amadis de Gaule, que
les Abbreviateurs de la Biblio-

theque de Geſner ont tres-im-
pertinemment attribué à un Auteur nommé Acuerdo Olvido ;
ne ſçachant pas que ce préten-
du nom qu'ils ont trouvé à la
teſte de la Verſion Françoiſe ,
eſt la deviſe Eſpagnole du Traducteur , qui ſignifie *Souvenir,
oubli* : ſi , dis-je , ce livre eſt ori-
ginaire d'Eſpagne, de Flandres,
ou de France ; & ſi le Roman de
Tiel Uleſpiegle eſt une traduction de l'Alleman ; & en quelle langue a premierement eſté
écrit le Roman des ſept Sages
de Rome, ou de Dolopathos ;
s'il n'a pas eſté tiré des Paraboles
de l'Indien Sandaber , impri-
mées en Ebreu , traduites en
Arabe & en Syriaque, & de Syriaque en Grec , comme porte
le titre de l'exemplaire manuſ-
crit que j'ay veu en cette langue , où l'aventure eſt attribuée
à Syntipas fils d'un roy de Perſe,

& la composition de l'ouvrage à
un auteur Chrestien nommé
Moyse ; si le mesme Roman n'a
pas fourni la matiere du livre
Italien intitulé Erastus , & de
plusieurs des Nouvelles de Bocace, comme le mesme Fauchet
l'a remarqué ; & s'il ne fut pas
traduit en Latin par Jean moine
de l'Abbaye de Hauteselve ,
dont on voit d'anciens manuscrits , & de Latin en vers François par le Clerc Hebers vers la
fin du douziéme siecle , & dedié
à Loüis Huitiéme ; & en Alleman depuis prés de trois cens
ans , & d'Alleman en Latin depuis cent ans , par un savant
homme, qui ne savoit pas que
cét Alleman venoit du Latin, &
qui en changea les noms. Il me
suffira de vous dire que tous ces
ouvrages , ausquels l'ignorance
avoit donné la naissance , por-

toient des marques de leur origine, & n'eſtoient qu'un amas
de fictions groſſierement entaſ-
ſées les unes ſur les autres, &
bien éloignées de ce ſouverain
degré d'art & d'élegance, où
les François ont depuis porté les
Romans. Il eſt vray qu'il y a
ſujet de s'étonner que noſtre
nation ayant cedé aux autres le
prix de la Poëſie Epique & de
l'Hiſtoire, ait emporté celuy-cy avec tant de hauteur, que
leurs plus beaux Romans égalent à peine les moindres des
noſtres. Je crois que nous de-
vons cét avantage à la politeſſe
de noſtre galanterie, qui vient
à mon avis de la grande liberté
dans laquelle les hommes vi-
vent en France avec les femmes.
Elles ſont preſque recluſes en
Italie & en Eſpagne, & ſont ſe-
parées des hommes par tant

d'obſtacles, qu'on les voit peu,
& qu'on ne leur parle preſque
jamais. De ſorte qu'on a negligé
l'art de les cajoler agréablement, parce que les occaſions
en eſtoient rares. L'on s'appli-
que ſeulement à ſurmonter les
difficultez de les aborder ; &
cela fait, on profite du temps
ſans s'amuſer aux formes. Mais
en France les Dames vivant ſur
leur bonne foy, & n'ayant point
d'autres défenſes que leur vertu
& leur propre cœur, elles s'en
ſont fait un rampart plus fort &
plus ſeur que toutes les clefs, que
toutes les grilles, & que toute
la vigilance des Douëgnes. Les
hommes ont donc eſté obligez
d'attaquer ce rampart par les
formes, & ont employé tant de
ſoin & d'adreſſe pour le réduire,
qu'ils s'en ſont fait un art preſque inconnu aux autres peuples.

C'eſt cét art qui diſtingue les
Romans François des autres Romans, & qui en a rendu la lecture ſi délicieuſe , qu'elle a fait
negliger des lectures plus utiles.
Les Dames ont eſté les premieres priſes à cét appas : elles ont
fait toute leur étude des Romans , & ont tellement mépriſé
celle de l'ancienne Fable & de
l'Hiſtoire , qu'elles n'ont plus
entendu des ouvrages qui tiroient de là autrefois leur plus
grand ornement. Pour ne rougir plus de cette ignorance ,
dont elles avoient ſi ſouvent oc-
caſion de s'appercevoir , elles
ont trouvé que c'eſtoit plûtoſt
fait de déſapprouver ce qu'elles
ignoroient, que de l'apprendre :
ſans ſe ſouvenir de ces trois il-
luſtres Marguerites, & de tant
d'autres Dames, qui ont honoré la France & l'Italie par leur

savoir. Les hommes ont suivi l'exemple des femmes pour leur plaire ; ils ont condamné ce qu'elles condamnoient, & ont appellé pedanterie ce qui faisoit une partie essentielle de la politesse, encore du temps de Malherbe. Les Poëtes, & les autres écrivains François qui l'ont suivi, ont esté contraints de se soûmettre à ce jugement ; & plusieurs d'entre-eux voyant que la connoissance de l'antiquité leur estoit inutile, ont cessé d'étudier ce qu'ils n'osoient plus mettre en usage. Ainsi une bonne cause a produit un tres-mauvais effet, & la beauté de nos Romans a attiré le mépris des belles Lettres ; & comme l'ignorance les avoit fait naistre, ils ont aussi fait renaistre l'ignorance.

Je ne prétens pas pour cela en condamner tout-à-fait la lecture, si l'on n'en abuse pas. Les meilleures choses du monde ont toûjours quelques suites fascheuses. Les Romans en peuvent avoir de pires encore que l'ignorance. Je sçais de quoy on les accuse : ils dessechent la dévotion, ils inspirent des passions déreglées, ils corrompent les mœurs. Tout cela peut arriver, & arrive quelquefois. Mais de quoy les esprits malfaits ne peuvent-ils point faire un mauvais usage ? Les ames foibles s'empoisonnent elles-mesmes, & font du venin de tout. Il leur faut donc interdire l'Histoire, qui rapporte tant de pernicieux exemples ; & la Fable, où les crimes sont autorisez par l'exemple mesme des Dieux. Une statuë qui faisoit la dévotion publique parmi les Payens, fit la passion, & le desespoir d'un jeune homme. Le Chærea de Terence, & l'Encolpius de Petrone, se fortifient dans des desseins criminels, à la veüe des tableaux, qui representoient quelques amourettes des Dieux, & cela attiroit peut-estre le respect de tous les autres spectateurs. On a eu peu d'égard à l'honnesteté des mœurs dans la pluspart des Romans Grecs, & des vieux François, par le vice des temps où ils ont esté composez. Les Italiens y ont encore esté moins scrupuleux; & je ne comprens pas comment le Tasse, & le Guarini, avec toute la délicatesse de leur esprit, n'ont pas senti la bassesse des obscenitez, & des paroles à double sens, dont ils ont terni la beauté de leurs Pastorales. L'Astrée mesme, & quelques-uns des Romans François qui l'ont suivie, sont encore un

peu licentieux : mais ceux de ce
temps , je parle des bons , font
fi éloignez de ce défaut , qu'on
n'y trouvera pas une parole, pas
une expreſſion , qui puiſſe bleſ-
fer les oreilles chaſtes ; pas une
action , qui puiſſe offenſer la pudeur. L'on y rencontre ces deux
avantages , en quoy Photius fait
conſiſter le fruit principal de la
lecture des Romans , d'y voir
toûjours le déréglement & le vice ſuivi de la honte & d'un ſuc-
cez malheureux , aprés avoir
long - temps vainement triom-
phé ; l'honneſteté au contraire
& la vertu glorieuſement rele-
vée, aprés de longues perſecu-
tions. Une ame toute préparée
au mal s'autoriſe des exemples
mal entendus & mal appliquez :
elle enviſage les agréables enga-
gemens du crime , ſans en vouloir conſiderer la fin. La naiſſan-

ce & le progrés d'une paſſion
condamnable , ſont pour elle
une hiſtoire digne d'imitation ;
l'infamie qui l'a ſuit eſt une fable. La cauſe de ce deſordre
n'eſt pas dans l'ouvrage , mais
dans la mauvaiſe diſpoſition du
lecteur. Si l'on dit que l'amour
y eſt traité d'une maniere ſi dé-
licate & ſi inſinuante, que l'a-
morce de cette dangereuſe paſſion entre aiſément dans de jeunes cœurs : je répondray que
non-ſeulement il n'eſt pas peril-
leux, mais qu'il eſt meſme en
quelque ſorte neceſſaire que les
jeunes perſonnes du monde
connoiſſent cette paſſion , pour
fermer l'oreille à celle qui eſt
criminelle , & pouvoir ſe dé-
meſler de ſes artifices ; & pour
ſavoir ſe conduire dans celle
qui a une fin honneſte & ſainte.
Ce qui eſt ſi vray, que l'expe-

rience fait voir que celles qui
connoiſſent moins l'amour en
ſont les plus ſuſceptibles, & que
les plus ignorantes ſont les plus
dupes. Ajouſtez à cela, que rien
ne dérouïlle tant un eſprit nouveau venu des Univerſitez, ne
ſert tant à le façonner & le rendre propre au monde , que la
lecture des bons Romans. Ce
ſont des précepteurs muets, qui
ſuccedent à ceux du College ,
& qui apprennent aux jeunes
gens , d'une methode bien plus
inſtructive & bien plus perſuaſi-
ve à parler & à vivre, & qui
achevent d'abbattre la pouſſie-
re de l'école, dont ils ſont encore couverts. Je parle ſeulement
des jeunes gens , qui ſont deſti-
nez à vivre dans le commerce
du grand monde , où ils ſont
obligez de n'eſtre pas ridicules,
& où ils le ſeroient ſouvent, s'ils
n'entendoient

n'entendoient rien au langage
de la galanterie. Car pour ceux
qui sont appellez aux emplois
d'une vie obscure & retirée, la
connoissance de l'amour & de
ses intrigues leur est fort inutile.
Horace disoit que l'Iliade d'Homere enseigne mieux & plus fortement la Morale, que les Philosophes les plus habiles : si l'on
ne peut pas dire la mesme chose des Romans, je crois qu'on
peut du moins leur appliquer ce
que Plutarque a dit de la Poësie,
que quand les préceptes de la
Philosophie sont revestus de ses
ornemens, ils trouvent une entrée bien plus libre dans l'ame
des jeunes personnes, que quand
ils se presentent avec toute leur
austerité. Aussi la pluspart des
Philosophes ont employé le mi-
nistere des fables pour l'establis-
sement de leurs dogmes, & ont

exceſſivement vanté l'utilité de
ces impoſtures, qui nous trompent à noſtre profit. Juſques là
que Salluſte, Philoſophe Cynique, a oſé leur attribuer de la
divinité : non ſeulement, dit-
il, parce qu'elles ſont à l'uſage
des Poëtes, que les Dieux in-
ſpirent ; & des Philoſophes, que
les Dieux éclairent ; & des auteurs des cérémonies religieu-
ſes, inſtituées pour le culte di-
vin ; & des Dieux meſme, quand
ils rendent leurs oracles : mais
encore parce que comme les
Dieux communiquent à tous les
hommes les biens qui viennent
des choſes ſenſibles, & aux Sages ſeulement ceux qui viennent des intellectuelles ; de meſme les Fables font connoiſtre à
tout le monde qu'il y a des
Dieux, & aux intelligens ſeulement quelle eſt leur nature ;

que le monde mesme, qui est
regi par les Dieux, est une fable, puisque les corps y paroif-
sent, & que les esprits y sont cachez : & il ajoûte enfin que plus
les fables ont d'apparence d'ab-
surdité, plus l'on doit estre persuadé qu'elles cachent de myfteres, & travailler à les pene-
trer. Les Medecins, que l'on
doit mettre au rang des Philosophes, puis-qu'ils cultivent la
Physique, qui faisoit toute la
Philosophie ancienne, ont fait
entrer les Fables dans leurs re-
cettes, comme une drogue propre à guerir le corps, par le plaisir qu'elles répandent dans l'a-
me. Et un fameux Medecin de
l'antiquité, soit par cette raison,
soit par experience, en a or-
donné bien serieusement la lecture à quelques-uns de ses mala-
des. La Politique mesme, qui

K ij

est une partie de la Philosophie, & qui en tire ses regles, a fait honneur aux Fables avant la Poëtique : car Strabon écrit qu'elles faisoient toute la Theologie ancienne, & qu'elles ont esté pluftost receuës des Legislateurs que des Poëtes, en veuë de leur utilité, & du naturel des hommes, en qui le desir d'apprendre & d'entendre des choses nouvelles se déclare dés l'enfance, par l'inclination qu'ils ont aux Fables : que si le merveilleux se joint à la nouveauté, il augmente le plaisir, qui est le grand charme de l'instruction; qu'il est donc important de se servir de cét appas, & de frotter de ce miel les bords du verre, pour leur faire avaler la medecine amere des enseignemens, qui doivent les purger de leurs mauvaises humeurs, Ce

seroit trop prétendre pour les
Romans, que d'en vouloir faire
établir l'uſage par l'autorité du
Magiſtrat ; & de demander ce
que Platon demandoit pour les
Fables, qu'on obligeaſt les meres & les nourrices de les apprendre, afin d'en entretenir les
enfans, & de les inſtruire dans
la fauſſeté avant que de leur faire connoiſtre la verité, & de
leur former encore mieux l'eſprit avec ces menſonges étu-
diez, que le corps avec les
mains ; & qu'aprés la diſcipline
des meres, vint celle des précepteurs, ſous qui les jeunes
gens feroient un cours de Mythologie, c'eſt à dire de l'étude
des Fables. Ce feroit trop encore que de les vouloir faire lire
publiquement dans les écoles,
comme on lit aujourd'huy ces
Poëmes anciens, qui bien que

remplis de maximes & d'exemples profanes, impies, & contraires à la fainteté de noftre
Religion,& quelquefois à l'honnefteté des mœurs, font mis
néantmoins, fans aucun peril &
avec une utilité toute apparente,entre les mains de la plus tendre jeuneffe. Mais au moins
n'eft-ce pas trop pour les Romans, que de demander que
lors qu'ils s'affujetiront aux loix
de la modeftie & de la pudeur,
ils foient tolerez par les Cen-
feurs, & confiderez comme la
Comedie & le Bal, qu'un grand
& faint Evefque de ces derniers
temps, dans les regles de pieté
qu'il a prefcrites, dit eftre un
divertiffement indifferent de
luy-mefme; bon, ou mauvais,
felon l'ufage qu'on en fait. S'il
a jugé ainfi de ces affemblées,
où l'on fait un commerce ouvert

de galanterie, où les yeux & les oreilles, qui font les avenuës de l'ame, fe trouvent expofez à ce que le monde a de plus vain, & où la prefence des objets met le cœur en fi grand hazard, je ne puis pas me perfuader qu'il euft trouvé beaucoup plus dange--reufe la lecture des Romans honeftes, qui n'ont d'effet que fur l'imagination; & s'ils ébranlent quelque cœur foible & mal défendu, & le forcent d'aimer, ce n'eft tout au plus que d'aimer à vuide. Ainfi je ferois affez du fentiment de Platon, qui vouloit qu'on établit des Approbateurs de Fables, pour choifir les bonnes, & rejetter les mauvaifes.

Monfieur d'Urfé fut le premier qui tira nos Romans de la barbarie, & les affujettit aux regles dans fon incomparable Aftrée, l'ouvrage le plus inge-

nieux & le plus poli qui euſt jamais paru en ce genre, & qui a
terni la gloire que la Grece, l'I-
talie, & l'Eſpagne s'y eſtoient
acquiſe. Un autre Evêque, diſciple, & ami intime de ce premier dont je viens de parler,
illuſtre par l'étenduë de ſon eſprit, & la multitude de ſes
écrits, & eſtimable par la ſain-
teté de ſa vie, a fait l'éloge
de Monſieur d'Urfé & de ſon
Aſtrée; mais avec un épanche-
ment de cœur, qui marque la
profonde eſtime dont il eſtoit
penetré : & il n'a pas diſſimulé
l'eſtroite liaiſon que & luy, &
cét autre Prelat, qu'il reconnoiſt pour ſon pere & pour ſon
maiſtre, avoient entretenuë
avec Monſieur d'Urfé. Mais
quelque merveilleux que fuſt
ſon Roman, il n'oſta pourtant
pas le courage à ceux qui vin-

rent aprés luy, d'entreprendre
ce qu'il avoit entrepris, & n'oc-
cupa pas si fort l'admiration publique, qu'il n'en restast encore
pour tant de beaux Romans,
qui parurent en France aprés le
sien. L'on n'y vit pas sans éton-
nement ceux qu'une fille, autant recommandable par sa mo-
destie, que par son merite, avoit
mis au jour sous un nom em-
prunté; se privant si généreu-
sement de la gloire qui luy estoit
deuë, & ne cherchant sa ré-
compense que dans sa vertu :
comme si lors qu'elle travailloit
ainsi à la gloire de nostre nation,
elle eust voulu épargner cette
honte à nostre sexe. Mais enfin
le temps luy a rendu la justice
qu'elle s'estoit refusée, & nous
a appris que l'Illustre Bassa, le
Grand Cyrus, & Clelie, sont les
ouvrages de Mademoiselle de

K v

Scudery ; afin que deſormais
l'art de faire les Romans, qui
pouvoit ſe défendre contre les
cenſeurs ſcrupuleux , non ſeulement par les loüanges que luy
donne le Patriarche Photius ,
mais encore par les grands
exemples de ceux qui s'y ſont
appliquez , puſt auſſi je juſtifier
par le ſien; & qu'aprés avoir eſté
cultivé par des Philoſophes ,
comme Appulée ; par des Pré-
teurs Romains, comme Siſenna ;
par des Proconſuls , comme
Martianus Capella ; par des
Conſuls, comme Petrone; par
des Empereurs, comme Clodius
Albinus ; par des Preſtres, comme on dit qu'a eſté Theodorus
Prodromus ; par des Eveſques,
comme Heliodore, & Achillés
Tatius ; par des Papes, comme
Pie II. qui avoit écrit les amours
d'Euryale & de Lucrece ; & par

des Saints, comme Jean Damaſ-
cene ; il euſt encore l'avantage
d'avoir eſté exercé par une ſage
& vertueuſe fille. Pour vous ,
Monſieur, puis qu'il eſt vray,
comme je l'ay monſtré , & comme Pindare & Plutarque l'aſſù-
rent , qu'un des plus grands
charmes de l'eſprit humain, c'eſt
le tiſſu d'une fable bien inven-
tée , & bien racontée, quel ſuc-
cés ne devez-vous pas eſperer
de Zaïde , dont les aventures
ſont ſi nouvelles & ſi touchan-
tes , & dont la narration eſt ſi
juſte & ſi polie ? Je ſouhaiterois,
pour l'intereſt que je prens à la
gloire du grand Roy que le Ciel
a mis ſur nos teſtes , que nous
euſſions l'hiſtoire de ſon regne
merveilleux , écrite d'un ſtile
auſſi noble , & avec autant d'e-
xactitude & de diſcernement.
La vertu qui conduit ſes belles

K vj

actions eſt ſi heroïque, & la fortune qui les accompagne eſt ſi
ſurprenante, que la poſterité
douteroit ſi ce ſeroit une Hiſtoire ou un Roman.

LETTRE

A MADEMOISELLE

DE SCUDERY.

Touchant Honoré d'Urfé, & Diane de Chasteaumorand.

IL est vray, Mademoiselle, que je suis savant sur l'Astrée, & sur son auteur, & je suis assuré que vous aurez de la peine à trouver personne qui le soit plus que moy. J'étois presque enfant, quand je leus ce Roman la premiere fois, & j'en fus si penetré que j'évitois depuis de le rencontrer & de l'ouvrir, craignant de me trouver forcé de le relire, par le plaisir que j'y prévoyois, comme par une espe-

ce d'enchantement. Je fus confirmé depuis dans l'eſtime que
j'avois conceuë pour cet ouvrage, lors que je reconnus qu'un
de mes Regens, homme d'un
fort bel eſprit, l'avoit leu comme moy, & peut-eſtre plus que
moy ; & en faiſoit aſſez de cas
pour en prendre tout ce qu'il
croyoit pouvoir ſervir à l'embel-
liſſement d'un Poëme Epique
qu'il mediroit alors, & qui a
paru depuis avec beaucoup
d'applaudiſſement. Lorſque je
me trouvay engagé à écrire ce
petit Traité *de l'Origine des Ro-*
mans, que vous avez leu, &
dont vous m'avez tant parlé,
je relus l'Aſtrée d'un bout à l'autre. Et comme l'âge m'avoit
meuri l'eſprit, & que l'eſtude
m'avoit formé le gouſt, j'y trouvay de nouveaux charmes, &
je demeuray perſuadé que les

admirables ouvrages que vous
avez faits en ce genre, ne l'ayant
pas tout à-fait obscurci, il con-
serveroit son prix, tant que les
lettres fleuriroient, & que les
productions de l'esprit seroient
estimées. Je ne me dédis donc
point de ce que j'ay dit de M.
d'Urfé dans ce Traité : & quoiqu'en l'estat où je suis, je ne
veüille pas me rendre garand de
tous les sentimens de ma vie
passée, & qu'un Evêque plus
que sexagenaire, & un Cava-
lier encore jeune, soient deux
hommes fort differents dans la
mesme personne, je ne puis
néantmoins désapprouver les
loüanges que j'en ay publiées,
aprés toutes celles que luy a
données bien plus librement un
Prélat, illustre par la sainteté
de ses mœurs, & par l'élevation
de son esprit. Je parle de Mon-

fieur Camus, Evefque de Belley,
qui dans fon grand Traité de
l'efprit du B. François de Sales,
a fait l'éloge de Monfieur d'Urfé
& de fon Roman: mais avec une
telle effufion de loüanges, qu'il
paroift bien que fon eftime alloit au-de-là de fes paroles. Il en
pouvoit parler avec affurance:
car Monfieur d'Urfé fe trouvoit
fon diocefain, par la fituation de
fon Marquifat de Valromé, &
de fon Comté de Chafteauneuf,
l'un & l'autre dans le Diocefe
de Belley. Il fe retiroit fouvent
à Virieu, chef-lieu de fon Marquifat, éloigné feulement de
trois lieuës de la ville de Belley,
où il alloit de temps en temps
vifiter fon Evefque. Il s'y rencontra un jour avec S. François
de Sales, dont il eftoit ami long-
temps auparavant, auffi bien
que du favant Antoine Favre,

premier Prefident de Chamber-
ry, qui s'y trouva aufli. Mr de Belley rapporte une reflexion que fit
alors M^r d'Urfé, fur la Philothée
du Saint, fur le Code Fabrien du
Prefident , & fur fon Aftrée,
difant que chacun d'eux avoit
travaillé pour l'éternité par des
ouvrages qui ne periroient
point ; que la Philothée eftoit
le livre des dévots , le Code
Fabrien, eftoit le livre des bar-
reaux , & l'Aftrée eftoit le Bre-
viaire des courtifans. Enfin ce
grand Evefque reconnoiffoit
qu'entre tous les Romans, l'A-
ftrée eft un des plus honneftes
& des plus modeftes : & il ne fe
peut fatisfaire en vantant l'a-
grément , la politeffe , l'honnefteté , l'efprit, & la vertu de
Monfieur d'Urfé.

Puifque vous voulez , Ma-
demoifelle, que j'entre dans le

détail de ce que j'ay appris de
la maison d'où il estoit sorti, &
de sa vie, vous saurez premierement que la maison d'Urfé
se dit sortie de Suaube. Monsieur dUrfé dans la Préface du
premier Tome d'Astrée, dit que
ses ayeux depuis leur sortie de
Suaube ont vescu dans le Forest fort honorablement par
plusieurs siécles. Il dit dans un
autre endroit de son Roman,
que sa maison , & celle de Lai-
gnieu, sortent d'une mesme ti-
ge. Le dernier Marquis d'Urfé, pere de celuy qui reste aujourd'huy, prétendoit que cette maison sortie de Suaube des-
cendoit de Guarin Prince de la
maison de Saxe, Comte d'Al-
torf, & Duc du Suaube, qui
vivoit dans le huitiéme siecle.
C'est ce que porte une Généalogie de la maison d'Urfé qu'il

m'a donnée. Cette Généalogie
marque que le nom *d'Urfé*, eſt
une corruption de celuy de
Wolf, qui ſignifie *Loup*, en langue Allemande, dont elle rapporte une origine qui paroiſt
un peu fabuleuſe ; que les deſ-
cendans de Wolf fils aîné de ce
Guarin, ſe nommérent *Guelfes*
en Italie, & *Ulfes* en France,
d'où s'eſt formé le nom *d'Urfé*.
Il eſt vray qu'Alain Chartier,
& Monſtrelet nomment *d'Ulphé*
& d'Ulfé celuy que l'hiſtoire
nomme communément *Paillard
d'Urfé*. De ce premier Ulfé, qui
veſcut au commencement du
neuviéme ſiécle, la meſme Gé-
nealogie fait deſcendre une longue ſuite d'Ulfes, pendant trois
cens ans, juſqu'à un Henry ſurnommé le Lyon orgueilleux,
qui eſtant chaſſé d'Allemagne
& d'Italie par l'Empereur Fre-

deric Barberouffe , fe refugia
en France auprés de Guy Comte de Foreft , & y baftit le Cha-
fteau d'Urfé. Ce fut Ulfe IV.
qui vers l'an 1106. au fiege d'Antioche, changea les armes de
Saxe , en celles d'Urfé , qui
font de Vair au chef de Gueu-
les. La terre de La Baftie, qui eft
la principale demeure de Mef-
fieurs d'Urfé , paroift avoir efté
dans leur maifon dés le treifié-
me fiecle. Vers le mefme temps
une fille d'Urfé entra dans la
maifon de Chafteaumorand. Ce
qui vous fait voir que l'allian-
ce de Meffire Honoré & d'A-
ftrée, qui eftoit Diane de Chafteaumorand , ne fut pas la premiere qui joignit ces deux maifons. Arnolfe troifiéme du nom,
qui mourut en l'année 1348. fut
le premier de fa maifon qui pof-
feda la charge de Bailly de Fo-

reſt. Elle y a toûjours eſté con-
ſervée depuis. Arnolfe ſon petit fils épouſa l'an 1380. Antoi-
nette de Murſaud , qui inſtitua
ſon mary heritier de tous ſes
biens , à condition que le ſecond
des enfans de la maiſon d'Urfé
porteroit le nom de *Paillard*, con-
jointement avec celuy d'Urfé.
C'eſtoit le nom de la maiſon de
ſa mere , dont elle eſtoit reſtée
ſeule heritiere , & elle impoſa
cette loy au ſecond , parce qu'-
Arnolfe ſon mary eſtoit le ſecond , & Guichard laiſné des
deux fils d'Arnolfe IV. Le nom
de *Paillard* ſelon ma conjecture,
eſt originairement un nom propre, diminutif de *Paul* : de *Paul*
l'on a fait *Paulard* & *Pauliard* , &
par corruption *Paillard* ; comme de *Pierre* on a fait *Pirard* ;
de Guillaume , *Guillard* ;
de *Raoul* , *Rouillard* ; de *Robert* ,

Robillard ; d'*Eſtienne*, *Tevenard*; de *Nicolas*, *Colard*. Je fais juge de cette Etymologie le prince ſans contredit des Etymologiſtes de ce ſiecle , noſtre ami Monſieur Ménage. Et pour preuve de ma conjecture, vous remarquerez que lors que ce nom eſt joint à celuy d'Urfé, il le precede toûjours, comme parmi nous les noms précedent toûjours les ſurnoms. Pierre & Antoine furent petits fils de cet Arnolfe. Antoine, qui eſtoit le ſecond , ſuivant la condition qui luy eſtoit impoſée, fut nommé *Paillard* d'Urfé , & deputé au Traité d'Arras en l'année 1435. ſelon le témoignage de Monſtrelet , qui l'appelle *Meſſire Paillard d'Ulfé*. Pierre ſon frere aiſné fut grand Maiſtre des Arbaleſtiers. Il avoit aſſiſté au Sacre de Charles VII. Ce fut

en sa personne que le nom *d'Ul-*
fé fut entierement changé en
celuy *d'Urfé.* De ce Pierre &
d'Isabelle de Chauvigny de
Blot sortit un autre Pierre, que
l'histoire de la Genealogie marque avoir esté Chevalier de
Saint Michel, de la Toison,
& du Saint Sepulchre, sous les
regnes de Charles VII. de
Loüis XI. & de Charles VIII.
Il passa du service de François
Duc de Bretagne, dont il estoit
Ambassadeur, à celuy de Loüis
XI. & fut fait grand Ecuyer
de France. Il se trouva à la bataille de Ravenne, & c'est
de luy que parle si souvent
Philippes de Comines. Jean son
frere fut pere de ce brave François d'Urfé, Seigneur d'Orose,
qui avec le Chevalier Bayard
soustint si vaillamment la gloire du nom François dans ce fa-

meux combat de Monervine,
de treize François contre treize Espagnols, ou d'onze contre
onze, selon d'autres Historiens.
Claude fils du grand Ecuyer fut
Gouverneur des Enfans de
France sous Henry II. & Ambassadeur à Rome. Jacques son
fils épousa Renée de Savoye,
Marquise de Baugé , fille de
Claude de Savoye Comte de
Tende & de Sommerive ,
Gouverneur & grand Senechal
de Provence. Sa mort arrivée
en 1577. l'empescha de recevoir le Baston de Mareschal de
France , dont il avoit obtenu
le Brevet. Ce fut de ce mariage
que sortit Messire Honoré. De
six fils il fut le cinquiéme, & frere de six sœurs. Jacques son frere , le troisiéme des six, épousa
Marie de Neufville, & fut pere de Charles Emanuel. Il fut
grand

grand Ecuyer de Savoye, &
vescut 116 ans. Il se remaria à
l'âge de cent ans, & eut un fils.
Charles Emanuel, que j'ay connu particulierement, prenoit
le nom de Lascaris avec celuy
d'Urfé. Ce nom luy venoit d'Anne Lascaris, fille de Jean Antoine
Lascaris, descendu de Guillaume
Comte de Vintimille, & d'Eudo-
xe, sœur de Jean Lascaris Empereur de Constantinople. Anne
Lascaris avoit épousé René de
Savoye, grand Maistre de France, & Gouverneur de Provence.
D'eux sortit Claude de Savoye
Comte de Tende, Gouverneur,
de Provence. Ce Claude épousa
Marie de Chabane, & fut pere de
Renée de Savoye, grand-mere
de Charles Emanuel. Cette Renée descenduë d'Anne Lascaris,
herita des biens de la maison de
Lascaris, & les porta dans la mai-

L

son d'Urfé , en épousant Jacques d'Urfé, mais sous une condition stipulée & exprimée dans le contract de mariage , que le chef de la maison d'Urfé seroit obligé de porter à l'avenir le nom & les armes de Lascaris. L'on voit par ce recit, que ce nom de Lascaris a passé par les femmes dans plusieurs maisons, dont chacune a voulu se conserver la gloire d'avoir partagé un sang si illustre. Charles Emanuel se vantoit donc d'estre sorti des Empereurs d'Orient par cette branche de Lascaris , & des Empereurs d'Occident par la maison de Saxe , dont il se disoit issu : ajoûtant que le Duc de Weymar estant en France, le reconnoissoit pour son parent, & luy offrit de demander au Roy qu'il luy donnast le rang de Prince , mais que ne se sen-

tant pas aſſez riche pour ſou-
ſtenir un ſi haut rang , il remer-
cia le Duc de cette offre , contre l'avis de ſa ſœur , qui aſpi-
roit fort à cette élevation. Il eut
ſix fils de Marguerite d'Alegre,
femme pleine de vertu & de
ſageſſe, le parfait modele de la
femme forte. C'eſt d'elle que
j'ay appris la pluſpart des choſes que je vous rapporte icy.
Elle regrettoit de ne m'avoir
pas connu pluſtoſt , pour me
mettre entre les mains les écrits
d'Honoré d'Urfé , qui eſtoient
en grand nombre , & qu'elle
avoit abandonnez à Monſieur
de Pondevaux. J'ay taſché de
les retirer , mais inutilement.
L'aiſné de ſes enfans eſtoit Loüis
d'Urfé , nourri enfant d'honneur auprés du Roy , ſous le
nom premierement de Marquis
d'Urfé , & enſuite de Comte de

Sommerive , & il fut depuis E-
vefque de Limoges. Madame
d'Urfé fa mere m'a conté qu'-
avant qu'il fe fuft confacré à
Dieu dans l'eftat Ecclefiaftique,
eftant déja animé d'un grand
zele pour Dieu , il alla brifer un
beau jour des ftatuës antiques
de marbre , qui eftoient dans
une grotte du jardin de la Baftie parce qu'elles pouvoient
bleffer la pudeur ; qu'eftant al-
lé enfuite déclarer fon action
à fon pere , & luy en demander pardon ; Mon fils , luy dit-
il , vous avez efté plus fage que
moy , vous avez fait ce que je
devois faire. Ces ftatuës avoient
efté apportées de Rome par
Claude d'Urfé , lors qu'il y fut
Ambaffadeur; & Madame d'Urfé affuroit qu'elle en avoit re-
fufé de grandes fommes. La
plufpart des freres de l'Evefque

de Limoges , se sont engagez
comme luy dans l'Eglise. Le seul
Marquis d'Urfé qui reste aujourd'huy , n'ayant aucuns enfans , aprés plusieurs annécs
de mariage , donne sujet de
croire que l'illustre maison dont
il est sorti , finira avec luy.

Je vous ay rapporté sommaire-
ment cette Genealogie , Mademoiselle, pour en venir à Messire
Honoré. La Baronie de Chasteaumorand , qui n'est pas fort éloignée du Forest , estoit venuë par
succession avec plusieurs autres
biens à une fille unique , heritiere de sa maison. Elle a esté
connuë sous le nom de Diane
de Chasteaumorand ; quoy que
Monsieur d'Urfé m'ait assuré
que ce nom n'estoit pas celuy
de sa maison , sans pouvoir me
le dire , ni s'en souvenir. Mais
comme la Seigneurie de Cha-

fteaumorand appartenoit dés ce
temps-là à la maifon de Levi,
dont quelques - uns mefine
prenoient le titre de Barons
de Chafteaumorand, je vois
grande apparence que cet-
te heritiere eftoit de la maifon
de Levi. Cette Diane eftoit la
veritable Aftrée. Jacques d'Urfé voyant dans fon voifinage
une fille de cette qualité, belle, jeune, & riche, la deftina
pour femme à Anne fon fils
aifné. Monfieur Patru a publié
la Relation de quelques vifites
qu'il rendit à Honoré d'Urfé,
dans fa retraite prés de Turin;
& ç'a efté à ma follicitation qu'il
la compofée & publiée. Il avance dans cet écrit, que les deux
maifons d'Urfé & de Chafteaumorand eftoient ennemies, &
que toute la Nobleffe du païs,
s'intereffant à leur reconcilia-

tion, ils menagérent ce mariage, qui en fut comme le feau.
Cela femble eftre aſſez confirmé par le Roman meſme d'A-
ſtrée, où Alcippe pere de Ceia-
don, eſt repreſenté comme ennemi irreconciliable d'Alcé pere d'Aſtrée. Monſieur d'Urfé
neantmoins n'en demeuroit pas
d'accord, & aſſuroit que les
feules veuës d'intereſt produi-
ſirent ce mariage, & qu'il n'y
avoit jamais eu aucune broüil-
lerie conſiderable entre les deux
familles.

Pendant que ce mariage ſe
pratiquoit, Honoré voyant ſouvent Diane, en devint éper-
duëment amoureux. Il plaiſoit
fort à Diane, & ſi on luy euſt
donné le choix, elle n'euſt pas
balancé à le preferer à Anne
ſon frere, qu'on luy deſtinoit.
Mais l'intereſt des maiſons ne

s'y rencontrant pas , le pere d'Honoré, homme avisé, pour le dépaïser l'envoya à Malte , dont il l'avoit fait recevoir Chevalier , mais sans luy faire faire de vœux ; & fit cependant ce mariage avec son fils aisné. Ce mariage ne se trouva mariage que de nom , & ils se séparerent volontairement aprés avoir vescu pendant dix ans ensemble sous cette vaine apparence de mariage. Monsieur d'Urfé son neveu dit qu'ils furent ensemble vingt & deux ans , qu'ils se séparerent sous une promesse reciproque qu'ils se firent, de s'engager dans l'etat Ecclesiastique aprés leur séparation, & que le mary tint aussi-tost parole, se fit Prestre, & Chanoine de Lyon , prist le Doyenné de S. Jean de Montbrison , & le Prieuré de Mont-

verdun ; mais que Diane se
voyant libre , se donna à Honoré. Anne d'Urfé avoit esté
député de Forez aux Estats de
la Ligue. A l'âge de dix-huit
ans il composa cent Sonnets,
& il avoit acquis quelque re-
putation dans la connoissance
des belles Lettres. Honoré de
son costé, en changeant de lieu,
n'avoit point changé de senti-
ments pour Diane. En perseve-
rant dans son amour pendant
toutes ses courses , il profita du
divorce de son frere, & vit enfin sa constance couronnée par
un mariage si ardemment dé-
siré , avec celle qu'il avoit tant
aimée. Il a luy-mesme décrit
son voyage , son absence, &
son retour dans un Poëme qu'il
a intitulé Sircine ; mais ayant
un peu déguisé les choses. Il se
represente presque encore en-

L v

fant. Il part amant & aimé de
Diane pendant son absence,
Delio, riche Berger, mais mal
fait & peu digne d'elle, la recherche en mariage, & l'ob-
tient de ses parens, dont l'autorité prévalut en cela sur sa
passion. Sireine à cette nouvelle se précipite dans la mer,
d'où il est promtement retiré
par les soins officieux de ceux
qui le virent dans ce danger.
Ses Epîtres Morales furent la
seconde production de son esprit. Il témoigne qu'il estoit âgé
de 27. ans, lorsqu'il les composa, & il les composa en l'année 1594; que le premier d'O-
ctobre de cette mesme année,
il perdit le plus cher de ses freres ; que le mois de Fevrier suivant il fut arresté à Feurs, &
languit quelque temps dans une
étroite prison ; qu'un Prince à

qui il eſtoit attaché mourut enſuite le 15. Aouſt de l'an 1595.
C'eſtoit le fameux Duc de Ne-
mours, Jacques de Savoye. Il
dit dans un autre endroit, que
celuy qui le prit, prétendoit
ſe prévaloir de ſa charge, qu'il
fut arreſté par ſurpriſe, & non
par force; & qu'il eſperoit s'en
venger avec l'épée, & non avec
la plume. Un pareil malheur luy
arriva encore une autrefois; &
ces Epiſtres furent écrites dans
ſa priſon. Il les compoſa comme des remedes contre les coups
de la fortune qu'il avoit éprou-
vez, & il les dédia à la Reine
Marguerite, à qui il les avoit leus
autrefois. Par une ſeconde E-
piſtre dédicatoire, il les adreſ-
ſa à une autre Dame, pour laquelle il reconnoiſt avoir une
grande paſſion. Je ſoupçonne
que c'eſtoit Diane de Cha-

L vj

fteaumorand, qui éftoit encore
alors mariée à fon frere. Eftant
perilleufement malade , il les
confia à Antoine Faure premier
Prefident de Chamberry , fon
ami intime , dont j'ay parlé ,
pour en difpofer à fa volonté.
Faure les mit en lumiere , &
les dédia à Charles Emanuel
Duc de Savoye , qui honoroit
Urfé d'une bienveillance parti-
culiere. Elles furent depuis fouvent réimprimées , & elles furent augmentées du troifiéme
livre en l'édition de Lyon , faite en l'année 1620. Antoine de
Ruffi, dans fon hiftoire de Mar-
feille , dit qu'Honoré avoit entrepris d'écrire l'hiftoire de Savoye en vers Heroïques François , & qu'il l'avoit intitulée ,
la Savoifiade , mais que fa mort
interrompit cet ouvrage , qu'il
ne pût pouffer au-delà de la vie

de Berold, Marquis d'Italie, &
Comte de Savoye & de Mau-
rienne. Il ne manquoit donc pas
d'occupation dans sa retraitte,
estant chargé d'un poëme Epique, & de la continuation de
son Roman. Monsieur Patru
nous represente Honoré encore fort passionné de Diane, lors
qu'il l'épousa, & c'est l'opinion
commune: mais Monsieur d'Urfé en parloit autrement, & disoit qu'il n'épousa Diane que
par interest, & pour ne laisser
pas sortir de sa maison les
grands biens qu'elle y avoit
apportez. Il est vray que Diane
n'estoit plus alors dans la premiere fleur de sa beauté, ayant
plus de trente ans ; ou mesme
plus de quarante, si elle fut
vingt-deux ans avec l'aisné. Il
est vray aussi qu'ils ne vescurent pas dans une parfaite in-

telligence. On en rapporte des
caufes fort differentes. Monfieur
Patru difoit qu'Honoré s'aban-
donnant à fon humeur galante,
avoit toûjours quelques nouvelles amourettes en tefte. Diane ne trouvant plus en luy cette adoration, qui l'avoit autrefois fi agréablement flattée, ne
pouvoit moderer ni fa jaloufie
ni fes reproches ; dont il fe trouva à la fin fi fatigué , qu'il fe
retira en Piemont , dans une
caffine fur le bord du Po, prés
de Turin. Mais Monfieur d'Urfé fon neveu alleguoit d'autres
raifons de cette féparation ; entre autres la malpropreté de
Diane , toûjours environnée
de grands chiens qui entretenoient & dans fa chambre &
dans fon lit, une faleté infup-
portable à fon mary. D'ailleurs
il avoit efpéré qu'elle luy don-

neroit des enfans, qui puſſent conſerver dans ſa maiſon les biens qu'il avoir eus d'elle ; & au lieu d'enfans elle accouchoit tous les ans de moles , qui le dégoûtérent enfin d'elle , & l'en éloignérent. C'eſt ce que diſoit Monſieur d'Urfé ſon neveu , qui ne s'accorde guere avec ce qu'à écrit Honoré luy-meſme dans la Préface du troiſiéme Tome d'Aſtrée , lors qu'aprés avoir proteſté à la riviere de Lignon , que le feu dont il bruſla , & qui donna naiſſance à ſon ouvrage , fut ſi pur , qu'il ne laiſſa jamais de noirceur aprés la bruſlure , en pas une de ſes actions , ni de ſes deſirs ; il ajoûte qu'il eſtoit encore trés-vif alors , & que la longueur des années n'en avoit point diminué l'ardeur , & qu'il ne s'eſteindroit que ſous la terre de son tombeau. On ne peut concilier ces sentimens avec l'éloignement dans lequel il vivoit séparé d'Astrée, qu'en disant qu'il estoit toûjours amoureux de l'idée qu'il conservoit de l'Astrée du temps passé, si differente de l'Astrée d'alors. Il se retira en Piémont, non seulement pour la distinction & le rang que luy donnoit dans cette Cour l'honneur qu'il avoit d'estre sorti d'une fille de la maison, mais encore par la faveur qu'il trouvoit auprés du Duc de Savoye, bien differente du traitement qu'il recevoit dans la Cour de France de Henry le Grand. Ce Prince n'avoit jamais regardé de bon œil ceux qui avoient eu quelque part aux bonnes graces de la Reine Marguerite, & Honoré d'Urfé estoit de ce nombre. Il s'y trouva en-

gagé par une aventure fort im-
préveuë. La France estoit alors
déchirée par les guerres civi-
les en divers factions. Cette
Princesse estoit dans le Chasteau
d'Usson en Auvergne, & ses
partis battoient la campagne.
Honoré tomba entre leurs
mains, & fut conduit à la Reine. Il avoit toutes les qualitez qui le pouvoient rendre a-
gréable à une Princesse infiniment spirituelle & galante, &
d'un discernement exquis. Ainsi elle ne tarda guere à se laisser prendre par son prisonnier.
Cette histoire est enveloppée
dans le Roman sous celle de Ga-
latée. Sa prison ne dura pas long-
temps, & il revint bien-tost
auprés de Diane, à qui il avoit
conservé toute la fidelité de son
cœur. Monsieur Patru dit qu'il
ressembloit assez aux portraits

que l'on voit de luy à la teste
de son Astrée , qu'il estoit de
moyenne taille, propre & éguil-
leté à la maniere de ce temps-
là. Le premiere Tome de son
Astrée parut en 1610. & fut dé-
dié à Henry IV. Ce present luy
fut fort agréable,quoyque l'Auteur ne le luy fut guére. Le
second vint dix ans aprés , &
le troisiéme quatre ou cinq ans
aprés le second. Ces ouvrages
furent receus du public avec un
applaudissement infini , & principalement de ceux qui se dis-
tinguoient par la politesse & la
beauté de l'esprit. La quatriéme partie estoit achevée , lors
que l'Auteur mourut en l'année
1625. dans la guerre de Savoye.
Il tomba malade à Nice , & se
fit porter à Villefranche où il
mourut pulmonique , âgé de
58. ans. Car puisqu'il reconnoist

dans ſes Epiſtres Morales, qu'en
l'année 1594. il eſtoit âgé de 27.
ans, il falloit qu'il fut né l'an
1567. & partant qu'il euſt
58. ans en 1625. qui fut l'année
de ſa mort. Cela eſt confirmé
par le témoignage d'Antoine de
Ruffi dans ſon Hiſtoire de Marſeille, où nous apprenons qu'-
Honoré naſquit à Marſeille l'11.
Fevrier 1567. & qu'il fut tenu
ſur les Fonts de Baptême par
Honoré de Savoye, Comte de
Tende, ſon oncle ; & Antoine Leſcalin des Aimars, Baron
de la Garde, & General des
Galeres de France. Je vois meſme aſſez d'apparence, qu'il a-
voit fait ſes études à Marſeille, & je le juge ainſi de ce que
Sylvandre, ſous le perſonnage
duquel il s'eſt repreſenté, auſſi
bien que ſous celuy de Celadon, rapporte ſi ſouvent des

traits de l'érudition qu'il avoit
prife dans les Ecoles des Maffi-
liens. Cette érudition répanduë
dans fon Roman , ne plaift pas
à ceux dont la barbarie de ce
fiecle a corrompu l'efprit & le
gouft. L'on n'en jugea pas ainfi
dans le fiecle favant & éclairé
où il parut. Je vois au contraire que les Auteurs contemporains ont vanté l'étenduë de
fon favoir. Vous eftes bien é-
loignée de ce fentiment , Ma-
demoifelle , qui feroit pourtant
plus excufable dans voftre fe-
xe. Vous avez mefme fait paroiftre fouvent de l'indignation
contre ce mauvais effet de l'i-
gnorance , dont noftre âge femble fe vouloir faire honneur ,
qui a banni de la poëfie Fran-
çoife tous les ornemens tirez
de la Mythologie ancienne ,
dont on s'eftoit fervi fi heureu-

sement jusqu'au temps de Malherbe. Pour moy j'ay toûjours
jugé que l'érudition dont Monsieur d'Urfé à embelli son Astrée, faisoit une tres-conside-
rable partie du merite de l'ouvrage, par l'adroite varieté de
l'utile & de l'agreable, qui le
met si fort audessus des Romans vulgaires, uniquement
renfermez dans les bornes de
la galanterie. Le Marquis d'Urfé son neveu, & Mademoiselle d'Urfé sa niéce, l'assisterent à
la mort. Son Altesse de Savoye
estoit dépositaire de la quatriéme partie d'Astrée, & la confia à quelques personnes qui
ne luy furent pas fidelles, &
qui des lambeaux qu'ils en ti-
rerent, en firent une cinquiéme, & une sixiéme partie. Mais
M. de Savoye ayant re-
mis cette IV. partie entre les

mains de Mademoiſelle d'Urfé, elle en chargea Baro , pour la rendre publique par l'impreſ-ſion , ſuivant l'ordre que l'Au-teur laiſſa en mourant, & le commandement que Madame la Princeſſe de Piemont en fit à Baro. Vous avez appris , Ma-demoiſelle , par l'Hiſtoire de l'Academie de Monſieur Pelliſ-ſon , que Baro avoit eſté con-fident & Secretaire de Mon-ſieur d'Urfé. Inſtruit comme il eſtoit, par un attachement inti-me de pluſieurs années, de tout le deſſein de ſon ouvrage , non ſeulement il fit imprimer la IV. partie deux ans aprés la mort d'Honoré , mais il compoſa en-core la cinquiéme partie ſur les memoires de ſon maiſtre. J'ay appris de Monſieur de Charle-val , que Jean Papon celebre Juriſconſulte , homme d'un grand favoir , aida Monfieur d'Urfé dans la compofition de fon ouvrage. Il eftoit Lieute-nant General au Bailliage de Montbrifon fa patrie, aprés a-voir efté Confeiller au Parle-ment de Paris. Dans l'Epiftre Dédicatoire de fon Recüeil d'Arrefts , il fe reconnoift fort honoré d eftre Lieutenant d'un fi grand & vertueux Chevalier, qu'eftoit Monfeigneur d'Urfé , Chevalier de l'Ordre, & Gouver-neur de Meffeigneurs le Dau-phin & Enfans de France, fon Chef & Bailly. Il parle de Clau-de d'Urfé, grand-pere d'Hono-ré , Bailly de Forez, à qui il a-voit dedié fes Commentaires fur la Coutume du Bourbonnois . Ce fut donc par le fecours des memoires de ce Papon , qu'-Honoré reprefenta fi doctement dans fon ouvrage toute l'Hiftoire du temps de ſes bergers, qui eſt la fin du cinquième ſiecle , & le commencement du ſixiéme. Quoyque l'on remarque d'ailleurs dans ſes Epiſtres morales une grande connoiſſance des Antiquitez Grecques & Romaines. Mais quelque grand talent qu'il euſt pour les Lettres, il n'en eut pas un moindre pour les affaires , comme il le fit voir en pluſieurs négociations , où il fut employé, en Savoye, & à Veniſe. Et il en eut un plus grand encore pour la guerre. Son neveu luy rendoit ce témoignage, & Antoine Faure le luy rend encore plus autentiquement , en parlant à Charles Emanuel Duc de Savoye, qu'il prend à témoin de toutes les occaſions, où Honoré avoit ſignalé ſa valeur. On croit que ce Papon , dont je viens

viens de parler , eſt repreſenté dans l'Aſtrée ſous le perſonnage d'Adamas , dont le caractere revient aſſez à celuy de ce
grave Magiſtrat , par ſon autorité , ſa capacité , & ſa pro-
bité , qui eſtoient reſpectées
dans toute la Province.

Mais il faut auſſi vous dire
quelque choſe de Diane de
Chaſteaumorand. Monſieur
d'Urfé, neveu d'Honoré, qui l'a-
voit connuë , diſoit qu'elle devint fort groſſe avec l'âge, qu'-
elle eſtoit ſouverainement belle, mais qu'elle eſtoit idolâtre de
ſa beauté ; & que par l'extrême ſoin qu'elle en prenoit, elle
ſe rendoit inſociable ; toûjours
enfermée , toûjours maſquée,
toûjours en garde contre le ſo-
leil. Il rapportoit à ce ſujet qu'-
elle fit un jour un voyage en
Forez , & vint loger dans la

M

petite Abbaye des Benedictines de Bonlieu, qui n'eſt qu'à une lieuë de la Baſtie. Quoyque Marie de Neuville, femme de Jacques, ſa belle ſœur, n'euſt jamais eſté en bonne intelligence avec elle, elle ne laiſſa pas d'envoyer Charles Emmanuel ſon fils luy faire un compliment, & la prier de ne point prendre d'autre logis que le ſien. Elle s'en excuſa, ſur ce que les vitres y eſtoient mal entretenuës. Il repartit que depuis qu'elle en avoit enlevé les vitres de cryſtal, qui y eſtoient, on avoit eu ſoin d'y en faire mettre de verre. Voilà, luy repliqua-t-elle un peu émuë, des diſcours que vous avez appris de voſtre mere ; il en faudroit d'autres pour m'attirer chez vous. Anne & Honoré d'Urfé freres, qui l'épouſérent ſucceſ-

sivement , ne furent pas les
seuls de leur famille qui l'aimerent. Deux autres de leurs freres se laisserent prendre à ses
charmes ; & cela luy attira une
cruelle médisance de la part de
Monsieur de Saint Geran. Elle
survescut long temps à son ma-
ri , dont la famille n'ayant pas
pour elle toute la consideration
qu'elle croyoit en devoir atten-
dre, elle s'en tint éloignée sans
autre correspondance, que celle qui estoit necessaire pour la
conservation & la joüissance de
ses droits.

C'est là , Mademoiselle ,
tout ce que ma memoire
me fournit presentement sur
le sujet d'Astrée , & de son
Auteur : un peu plus d'attention & de reflexion , m'auroit
peut-estre fait trouver quelque
chose de meilleur , mais vous

l'auriez attendu plus long-temps,
& j'aurois eu trop de peine à
refifter à mon extrême empref-
fement de faire quelque chofe
qui vous foit agreable , & de
vous obéïr.

A Paris , ce 15. Decembre 1699.

F I N.

TABLE

DES MATIERES.

A

M iij

DES MATIERES.

M iiij

TABLE

DES MATIERES.

B

C

TABLE

E

H

K

L

R

X

Z

ERRATA.

PAg. 96. *lig.* 12 Er *lif.* Et, *p.* 100. *l* 14.
font tout-à-fait, *lif.* font chofes tout-à-
fait, *p.* 121 *l.* 9. Romans *l.*Romains. *p.* 134.
l. 20. effacez Athenagoras *p.* 146 *l.* 20. ap-
parent, *l.* apparence *p.* 159. *l* 8. Chantarets
l. Chantarels. *Lig.* 13. Motaux, *l.* Moraux. *p.*
251. *l.* 18. leus, *l.* leués.